耕读经史

顾涛 著

凤凰枝文丛／孟彦弘 朱玉麒 主编

凤凰出版社

图书在版编目（CIP）数据

耕读经史 / 顾涛著. -- 南京 : 凤凰出版社,
2021.8
（凤凰枝文丛 / 孟彦弘，朱玉麒主编）
ISBN 978-7-5506-3476-3

Ⅰ. ①耕… Ⅱ. ①顾… Ⅲ. ①经学－中国－文集
Ⅳ. ①Z126-53

中国版本图书馆CIP数据核字(2021)第140870号

书　　名	耕读经史
著　　者	顾　涛
责任编辑	许　勇
书籍设计	徐　慧
出版发行	凤凰出版社(原江苏古籍出版社) 发行部电话025-83223462
出版社地址	江苏省南京市中央路165号,邮编:210009
出版社网址	http://www.fhcbs.com
照　　排	凤凰零距离数字印前中心
印　　刷	苏州市越洋印刷有限公司 江苏省苏州市吴中区南官渡路20号　邮编:215104
开　　本	880毫米×1230毫米　1/32
印　　张	9
字　　数	180千字
版　　次	2021年8月第1版
印　　次	2021年8月第1次印刷
标准书号	ISBN 978-7-5506-3476-3
定　　价	68.00元 (本书凡印装错误可向承印厂调换,电话:0512-68180638)

顾　涛

1978年生，江苏无锡人。先后获得南京大学文学学士、硕士、博士学位，现任清华大学人文学院长聘副教授，博士生导师，清华大学日新书院副院长，历史系副主任。研究偏重于中国制度史、经学史、边疆史、《通典》研究。近期承担国家社科基金冷门"绝学"和国别史研究专项"《通典》边疆史地文献的史料来源及疏误集证"的研究工作。著有《汉唐礼制因革谱》（上海书店出版社，2018年）、《汉语古音学史》（合著，上海古籍出版社，2015年）、《中国的射礼》（南京大学出版社，2013年）等。

弁 言

“凤凰台上凤凰游”，是李白《登金陵凤凰台》之诗句，昔年我江苏古籍出版社立足南京、弘扬文史，而更名所由也。

“碧梧栖老凤凰枝”，是杜甫《秋兴八首》所吟咏，今日我凤凰出版社为学林添设新枝，而命名所自也。

30 多年来，凤凰出版社围绕中华传统优秀文化，彰显传承文明、传播文化、服务大众、贡献学术的出版理念，坚持以整理出版中国文、史、哲古籍及其研究著作为主的专业化方向，蒙学界旧雨新知之厚爱、扶持，渐已长大成为“碧梧”，招引了学界“凤凰”翩然来栖。箫韶九成，凤翥凰翔！嘤其鸣矣，求其友声！

“凤凰枝文丛”是本社与学界同人共同打造之文史园地，除学术研究论文外，举凡学人往事、经典品评、学术札记之文化随笔，旧学新知，无所不包。是作者出诸性情而诗意栖息之地，读者信手撷取而涵泳徜徉之处。

“凤凰鸣矣，于彼高冈。梧桐生矣，于彼朝阳。”

愿“凤凰枝文丛”成为我们共同的文化家园。

2019.5.22

“活经学”的两条路：二十年的探索（代前言）

20世纪的最后四年，我在懵懂中撞进金陵这座“王气”绵绵的六朝古都。清晰地记得，第一位映入眼帘的母校老师，是程章灿教授，他给我们班讲授中文系专业入门课“中国古代文学作品选”。由文学而大学，由金陵而六朝，“古典的金粉，魅惑的色泽，散淡而潇洒，风流而靡弱，南京散发的这些气息，几乎无一不是从六朝开始沾上的”（《旧时燕：一座城市的传奇》，2006）。由此，程先生身上的六朝气质，渐渐驻入我的心田。

昆曲，是我一度享受南京古典气韵的法宝。吴新雷教授当然是我的引路人，此后南京昆曲社成了我在学业之余放飞自我的胜地。拍曲、看戏、练功，雅集、叙旧、交友，扬州焦循的雕菰楼，几乎成为梦中的瑶台，直至我的老师王正来先生（1948—2003）遽然陨去。此后我虽又成为翟美娟老师（1934—2020）的入室弟子，然炽情的程度已远不如前，自觉虚费了业师多少个寒暑手把手一招一式的单传，终究未能得其衣钵。如今两位老师均已离我远去。

从昆曲折回来，进入学术殿堂的门，自然选在六朝。赵翼说袁枚“爱住金陵为六朝”（赵翼《题袁子才小仓山房集》），高小方老师又给我喝了“迷魂汤”，说我的字迹透出六朝的气息。2001 年，我选定梁代皇侃《论语义疏》作为硕士论文的题目。皇疏引领我踏入繁难的注疏学、文献学、辑佚学之域，打开清学的大门，让我的触须伸展到中国台湾，辐射到日本。清代学者称获得此书“不啻获珍珠船也”（翟灏语），暗自庆幸我之捷足先登。当时，皇侃的研究在大陆可谓一穷二白，能够看到的《论语义疏》版本只有《知不足斋丛书》本及其再传本，这是被根本逊志大作手脚的改头换面本，对于武内义雄刊本及日本古钞本，几乎无人问津。唯一的研究基础只有台湾地区陈金木先生的《皇侃之经学》（1995）。2004 年我专程来到彰化师范大学，拜访陈先生，得其签赠两部代表作。虽然此前我已复印过陈著，此刻依然如获至宝，有一种接力棒传到手中的重任在肩之感。此年硕士论文完成，我自诩为国内系统收集皇侃研究资料的拾荒者，为之奔波于两岸三地，90% 以上散落四方的相关研究成果已尽入囊中。

研究了一段时间皇疏，我便将自己的学术方向定位成经学。由此进入南北朝义疏，进入经学史，当年文献学方面的积累，逐渐发酵，逐渐升温，冲破了皮锡瑞《经学历史》的藩篱，发现了经学史上大段的空白和半空白地带。获得博士学位后，我留母校任教，申报的第一门课就是“中国经学史”，2008 年秋冬在长江北岸的浦口校区讲完第一轮。2018 年秋冬又在清华大学重续前缘，新开研究生课“经学研究前沿”，时隔十年，地跨两京，我的思想在绵延中又有新变，《经学史的一条主线》（2008/2020）就是搭载前后十年思绪的彩虹之桥。这条“主线”，不仅是我所抉发出的一条“活经学”之路，也是一头连接着南大，一头连接着清华的我的学术之路。

经学之所以成为中国古代学术思想的领头羊，就在于其在两千年的演进中能够永葆活力，思想的火花四溅，当其多次走到山穷水尽的境地时能够绝处逢生，发生令人惊叹的创造性转化和创新性发展。经学这一内生性蝉蜕的生命线，是在不断吸纳诸子、道家、佛教、西学之精华的坎坷历程中脱胎换骨而成。不断摄入新酒，成功返老还童，是作为中国学术典范的经学的 DNA。二十年来，皇疏的研究已有大幅推进，如今武内义雄校刊本已成为学者案头的必备，我的据日本古钞本重新校理此书的期盼，相信在不久的将来即可由中日两国学者联手付诸实现。然而对经学史这一内生力的开掘，对经学 DNA 的解析，大幕却尚未拉开。于是我便果断放弃整理出版硕论的计划，而在这一荒瘠的桥头堡上摇旗呐喊。重写经学史的伟业，固然需要打下研习经部文献的扎实根基，但绝非皓首穷经的一条路走到黑，更需要对诸子、对道教的精研，需要对佛经义理的修悟，需要拥有出入圣经神学、希腊罗马古典的心路历程。王国维在 20 世纪初便立下誓言——“异日发明光大我国之学术者，必在兼通世界学术之人，而不在一孔之陋儒，固可决也”（《奏定经学科大学文学科大学章程书后》，1906），百年后的 21 世纪初，我的学术实践可为之再作注脚。

选择经学作为自己的主攻领域，是母校宽松的学术氛围所造就。我对如今学科分类中的语言文字、古典文献、古代史、考古学均有浓厚的兴趣，但是我又不愿意单涉一科，更希望能在诸学科间纵横采撷，李开老师理解并包容了我的不专一。选取《仪礼》作为自己博士论文的研究方向，正是因为此书可以将南大文、史两系的学术传统及多种资源汇集起来。2003 年以来，我只身在《仪礼》这座宝山中徜徉，古音学、训诂学是我攀登这座高峰的引擎，异文便成为登山山道边的一个个路标。一千多个异文伴随着一千多个日日夜夜，当三级八系二十八类异文谱系组合结构浮出水面的时候，博士论文答辩的日子已经开始倒计时。2007 年答辩时有老师说，这是大陆第一篇研究《仪礼》的博士论文。殊不知四年来耗费我海量心血的竟是《说文》段注，《仪礼》是我的论文的躯壳，段注才是论文的地基。

我曾自号“金坛铁粉”，金坛段玉裁是清学的巅峰，段注便是其一生学术积淀的总汇。之所以说我的博士论文地基在段注，一是因为我地毯式分析《仪礼》汉本异文的思路，正是延续段玉裁《仪礼汉读考》而来。段氏此书仅成一卷未完稿，在我看来那是因为他晚年全力以赴于注释《说文》所导致，《汉读考》的精华均已汇入段注中。借由段注，辑出《仪礼汉读考》未完成的十六篇，相信并非难事。然而段氏生不逢时，未尝见到熹平石经、武威汉简。我接续段氏，必当重起炉灶，将这些新材料纳入，凭我私淑茂堂的自信，这一做法必定合乎《汉读考》撰写的旨趣。我的博士论文，材料的范围虽已超迈了清儒，而在方法上却一秉段氏，根基完全扎在清代学术的土壤中。

浸淫段注的四年，也是我探寻突破清学的四年。段注中蕴含有大量现代学术的素材和半成品，亟待用新史学的眼光与视角予以拼装、重组与锻铸，由此可以化腐朽为神奇，焕发出勃勃生机。《段王之学与专门史》的雏形，在心里盘桓已有多年，专门史的研究若能插上清代朴学的翅膀，将扶摇直上鹏程万里。此文在我博士毕业十三年后能出诸笔端，那是因为先后受到参与我课堂讨论的两位学生的触动——2018 年秋的严思齐（Charlie Argon）、2020 年秋的计小豪，又借了去年疫情闭关清华园的东风。何以如此拖延？本质的原因还在于我的专门史的积累远远不敷使用，若天假我年月，一定要大肆地拥抱社会科学。可惜在如今“水管工人”和“电线工人”井水不犯河水的现状下，历史学家不通《说文》、不读段注的现象已冰冻三尺，遑论社会科学家。打破学科壁垒的呼声虽不绝于耳，但真正要践行起“文”“史”交叉来，尚非易事。

2009年北上清华，入历史系，给了我走出一条文史交叉之路的绝好机缘。我的礼学研究，由文字而文献，由经籍而礼制，探索的领地也由《仪礼》进而三礼，由礼志兼及《通典》。如果说三礼还在传统经学的范畴内，那么逐年梳理分析十七史礼乐志的过程就让我实实在在地踏入史学的正统。《通典》200卷是史学家采矿的胜地，经济史研究取其《食货志》，政治史研究取其《选举志》《职官志》，法律史研究取其《刑法志》，地理学史研究取其《州郡志》，唯《礼志》《乐志》107卷（占一半以上篇幅）问津者最稀。我到清华之后的十年，殚精竭虑于这107卷，逐条追溯、查证其史源，与十七史可以说一一比对、参稽过。然而对史料追查得越细致，检讨得越充分，就越觉得《通典》史料价值偏低，对其敬仰之情大打折扣。《通典》所载录的史料，缺漏者有之，疏误者有之，虽然因后世书籍大量散佚，《通典》保存有少量佚籍的片段弥足珍贵，但是遵照原始史料第一的原则，《通典》的绝大多数资料是拼合、简抄的结果，属于二手史料，价值并不高。因此，我的《汉唐礼制因革谱》（2018）在史料依据上秉持的原则是，凡正史有记载者，大多不依《通典》，除非《通典》的记载别有溢出信息。

当年叶德辉、章太炎嘲讽梁启超之徒“尚不配读《通典》”（参见拙著《汉唐礼制因革谱》，第8页），对我震撼极大，可见此书在老一辈学者心目中的地位。《通典》究竟是一部什么性质的书，这是伴随着我在十年间地毯式清理与疏释九百多年间每一条礼制史料过程中挥之不去的一个心结。把《通典》当作一部类书，只为了史料的采撷而读《通典》，照章太炎所说不如读《文献通考》，而我认为在如今数字化资源如此丰富又取用便捷的情况下，更不如直接检索正史和其他原始史料。《通典》之卓越，不在史料之独特，而在其结构的“体大思精”，在其上承《仪礼》，下启《大唐开元礼》，在其将这两座高峰之间的制度演进大脉络、大关节提炼了出来，用钱穆的话说，就是“通经致用的‘活经学’”（《素书楼经学大要三十二讲》）。哦！原来应当回到经学！多年来我的认识显然深受了学术界的“俗谛之桎梏”。

汉代以来的经学，断非仅仅可从经传注疏中求得之，亦当从博通六经以致用于当世的制度建设实务中求得之。六朝隋唐儒者精于三礼者不乏其人，其学其识及其贡献，不正是造就了汉唐间礼乐制度的独盛吗？在习礼、传礼、议礼、修礼的过程中，蕴含着丰厚的经学思想，也就是陈寅恪所说的“法典为儒家学说具体之实现”（《冯友兰中国哲学史下册审查报告》）。典章制度演进脉络中蕴含着通经之士的覃思与卓识，这正是一条区别于埋首经注、闭门著书的“活经学”之路。从这个意义上说，陈先生《隋唐制度渊源略论稿》已开启了一条以“人”为中心的全新的经学史书写路径。

钱穆对这一条路径的揭示是慧眼如炬的，“活经学”正是他独创的概念。钱先生的这一概念，无疑是有意要突破清代考据学，他径斥清学“在经书的训诂、章句、校勘、辑逸等种种工作上着眼……只是一种纸片经学，也可说是一种‘死经学’”（《中国史学名著》）。然此说过矣！钱先生有所不知，陈寅恪之所以能成为新时代新史学的开路先锋，其早年的积淀适在清学，“他对《十三经》不但大部分能背诵，而且对每字必求正解；因此《皇清经解》及《续皇清经解》，成了他经常看读的书”，“他幼年对于《说文》与高邮王氏父子训诂之学，曾用过一番苦工”（俞大维《谈陈寅恪》，1970）。不入“死经学”之虎穴，焉得“活经学”之虎子。

我一头扎在经史文献的“纸片”中面壁二十年，如今找到了“活经学”的两条路。“破壁”在即，切不可中道而废！

2021年春分，圆明园东门外

目录

第三辑　笃志经史

图版目录

第一辑　新经学

重编新《经典释文》可行性论证

一

公元6世纪80年代，陆德明（约550—630）“撰集五典、《孝经》《论语》及《老》《庄》《尔雅》等音”（《序录》），成《经典释文》三十卷（据钱大昕《十驾斋养新录》，成书于589年隋灭陈之前），该书“兼载各家义训和传本异同，集训诂、音韵、校勘、目录、考据之学于一书”（李建国《汉语训诂学史》），遂成为汉唐学术资源取之不尽的矿藏，一千四百余年来备受学界重视。

20世纪末，选堂饶宗颐（1917—2018）远绍陆氏，提出重编新《经典释文》的宏伟构想。饶先生在1997年正式提出：“我曾设想出土文字与经典互勘，异文异体，每含新义，清人晓得利用汉碑，撰《汉碑征经》一类著述，我提议，宜疏理出土文献，重撰新的《经典释文》。若干简帛上的已佚旧书，正须作综合性的异文异训的结集，大可补陆德明之不逮，并以考证旧训，以求改进之方。”（《从楚简〈易经〉谈到新编〈经典释文〉的建议》，首届国际训诂学研讨会，高雄）

在2001年北京大学百年纪念论坛上，饶先生的学术思想进一步成熟，他郑重阐述了关于建设中国新世纪“新经学”的思想体系，并预期21世纪“是我们国家踏上一个‘文艺复兴’的时代”（《新经学的提出——预期的文艺复兴工作》）。此项工程的起点在于重编新《经典释文》。试看饶先生之论述：

在整理简帛经典的过程中，最令人困扰的是“异文”的复杂性。陆德明当杨隋统一南北，总结六朝人的训诂工作，编著《经典释文》一书。我曾建议应该利用简帛的新材料，参考清代学者对异文的研究成果，去重编一部新的《经典释文》。这不仅是语文方面的贡献，实际上也是某一语汇的探讨，是文化史重点问题来龙去脉的综合性研究的基础。这是一项很庞大的工程，以后可能引导出许多新的发现，对于了解某一观念的产生与形成，可取得更进一步的认识。这里有一个基本问题——是“新经学”的提出。

饶先生大力呼吁学界对出土简帛经籍异文作全面的重新审视与细化梳理，落脚点完全在于语言文字的训诂考证，即对新出经籍下足够的传统“小学”的工夫。就这一点来说，其内在的学术理路与陆德明一脉相承。

然而这项基础工程的建设，不仅直接关涉到上古汉语语言文字，而且能烛照更广袤的学术天地，关系到经学传承、古史考辨、思想探原等相关学科能否取得，或在多大程度上能够取得前沿性的突破与进展。从这个意义上说，新《经典释文》所蕴涵的潜在学术价值是无法估量的，“新经学”实际上带来的是对整个中华文明研究的内在推进，其影响势必渗透到人文科学研究的各个相关领域。

二

当年陆德明撰作《经典释文》，为十四部典籍“摘字注音”“因音辨义”，即摘出经典正文及注文中的单字给予音释，并据以辨字析义。此例有两点应特别予以揭出，一是陆氏为出处显豁便于按寻起见，一般不但摘出被注单字以作字头，并连带摘录前后数字或一句；二是陆氏在记音的同时对其所见之各版本文字差异亦多所载记。由此即为后人保留了大量先唐故籍之异文材料。据林焘、陆志韦《经典释文异文之分析》（1950）统计，《释文》所录普通异文 6170 条，特殊异文 1780 条，共约 7950 条，后陆先生于每类均有少量补正，故总数约在 8000 条，因此，万献初称《释文》“保存了大量的异文旧读，是研究异文和假借的宝库”（《〈经典释文〉音切类目研究》，2004）。饶先生之所以远绍陆氏，缘其重心，同样在于经籍异文。

饶说前有所承。18 世纪中叶，清乾嘉学派之领军人物戴震（1724—1777）“尝搜考异文以为订经之助”，并“令其族子时甫”及高足段玉裁“从事于此”，惜戴氏“稿未就”（段玉裁《答顾千里书》）。段玉裁（1735—1815）秉承戴业，先后撰成《诗经小学》三十卷（上海图书馆、美国哈佛大学哈佛燕京图书馆均藏有抱经堂刻版，臧庸删纂成四卷本辑入《清经解》）、《古文尚书撰异》三十二卷、《春秋左氏古经》十二卷、《周礼汉读考》六卷、《仪礼汉读考》一卷（段氏于八十高龄完成《士冠礼》一卷，后由陈光煦续成十七卷，1909 年石印本）等，广稽群经之异文、汉读并逐一作出详尽疏通，对传世经典字辞系统地下了一番文字形音义考据的工夫，“使得段氏研究古文献所注重的范围从音韵扩展到异文、正字、俗字、古今字、通用字、方言、本义引申义假借义、校勘、石经汉碑等领域，形成了一套系统的研究方法”（虞万里《段玉裁〈诗经小学〉研究［下］》，1985），最终得以于古稀之年成就传世名著《说文解字注》三十卷。《说文》段注之撰成得力于经籍异文之处甚巨。戴、段之后，有意识地将异文用于研究者日增，成果频见。将异文用于古音研究取得重大突破者当数钱大昕（1728—1804）于古声纽之推导。钱氏证“古无轻唇音”，汇辑“非母古读帮母”“敷母古读帮母”“敷母古读滂母”“敷母古读並母”“奉母古读帮母”“奉母古读並母”“微母古读明母”八类异文材料共计79条；证“古无舌上音”，汇辑“知母古读端母”“知母古读定母”“彻母古读透母”“澄母古读定母”四类异文材料22条（《十驾斋养新录》卷五、《潜研堂文集》卷十五）。钱氏据异文通假以立论，得出震烁古今之古声纽两大定律，乃前无古人之贡献，为后继者导夫先路。纵观钱氏一生，对异文之考异可谓贯穿始终，钱氏著有《唐石经考异》《经典文字考异》《廿二史考异》等，另《潜研堂金石文跋尾》将几千个碑刻异体、俗体一一录出，详作推求，又《声类》则将经史文籍之异文以类相从。

至20世纪中叶，积微翁杨树达（1885—1956）又一次提出系统整理我国古籍之计划，其中第一项即为“编纂经籍异文假字误字考”——“宜取古籍之有异文者，以及清儒说经诸家之卓然可信者，将其说通假之处逐字胪列”，并“取古籍中误字一一录之，附诸异文假字考每字之末”（《拟整理古籍计划草案》，1945）。可惜杨说至今未能实施。

20世纪以来，地下出土简帛屡屡问世，饶先生延续王国维“二重证据法”（1926）的思想，明确提出重编新《经典释文》的构想。如果说陆德明《经典释文》辑录的主要是两汉六朝经籍传本异文，那么新《经典释文》则凭借时代条件，可将收录的范围往前扩展到战国时期。这样，经籍在早期传衍过程中出现的诸种差异将得到尽可能齐全的汇集。试举一例以作说明。

《易·困卦》末两爻有曰："九五：劓刖，困于赤绂，乃徐有说，利用祭祀。""上六：困于葛藟，于臲卼，曰动悔有悔，征吉。"陆氏《释文》详载所见他本之异文曰："荀、王肃本'劓刖'作'臲𠨍'，云'不安貌'。陆同。郑云：'劓刖'当为'倪伖'。京作'劓剑'。""臲，《说文》作'㓷'，牛列反。薛同。""卼，《说文》作'𡴵'，云：𡴵，不安也。薛又作杌，字同。"（黄焯《经典释文汇校》卷二）陆氏所见《说文》同今小徐本，大徐本《说文·出部》"𡴵"下则曰："槷𡴵，不安也。从出臬声。《易》曰'槷𡴵'。"由《释文》保留了西汉京房（前77—前37），东汉许慎（约58—约147）、郑玄（127—200）、荀爽（约129—192），三国吴陆绩（187—219）、魏王肃（195—256）、薛虞（生平不详，马国翰《玉函山房辑佚书》认为乃魏晋间人）所见本之经文差异。20世纪70年代以来，出土简帛中又有马王堆帛书本和上海博物馆藏楚竹书本两种载有此爻，文字形体亦有差异，这就将《周易》经文钞本的得见时代上推到了战国时期。另熹平石经所存残字中保留该爻最后十三字亦可作为对照。由此可将各本对应异文列表如下：

版本	时代	九五	上六
上博藏楚竹书	战国		㓷□
马王堆帛书本	西汉	贰椽	贰掾
京房本	西汉	劓剑	

续表

版本	时代	九五	上六
《说文》所引	东汉		�/槷黜
郑玄本	东汉	倪仉	
熹平石经残字	东汉		劓刽
荀爽本	东汉	䠱䟖	
陆绩本	吴	䠱䟖	
王肃本	魏	䠱䟖	
薛虞本	魏?		刵杌
王弼本	魏	劓刖	䠱卼

此两爻中的“劓刖”“䠱卼”词义甚为接近，均形容危险不安之貌，这两组近义复合词逐渐衍化成了一个联绵词，字形多异而所指相同，这是上古汉语联绵词构成的典型类型之一。其中，上博竹书第二字正处于竹节处，墨迹漫漶，难以辨认。熹平石经“劓刽”，据屈万里《汉石经周易残字集证》(1984)卷二。若追溯各异文构词理据，可抽绎得其内在两条谐声通转建构体系：

疑纽月部“臬—毁(省声)—埶”：䠱—刵、劓(臬、鼻或作)—倪—槷

疑纽物部“出—兀—月(物月旁转)—会(疑见牙音)”：黜—䟖、卼、仉、杌—刖

传世文献所载异形九体均可在此音义通转系统中得到充分解释。对此，我曾写过一篇专文(《〈易〉“劓刖”“䠱卼”、〈礼〉“槷”“阑”“贰”异文构成分析》)讨论这一组异文群的字形音义关系，于2006年11月赴台湾辅仁大学，在

"第五届先秦两汉学术两岸研究生论文发表会"做过交流，恕不展开。

值得关注的是，今得马王堆帛书本，两爻书字几同，再次证明后世传本字形虽异，实当为同一词；然此本前字从弋，后字从彖，谐声声符完全不符上列两条通转体系，显然与传世各本均非属于同一系统。此本保留字形尤可宝贵，《仪礼·特牲馈食礼》"门中阒西阈外"句郑注："古文阒为槷。"武威汉简本阒作"樴"，声符从弋恰可与此互证。从彖之字与从会之字构成异文，则又如道藏本《淮南子·俶真》"跂行哙息"，其他诸本喙、哙互作（张双棣《淮南子校释》），《史记·匈奴列传》即作"跂行喙息"，清人庄逵吉有谓"后人但知喙息，而改哙为喙者"。可见马王堆保存了《易》古本早期传衍之另一脉。

重编新《经典释文》的工作，就是要将出土文献本保存的对应异文补配入陆氏原有的异文系统中，并依循戴、段已铺设的途辙，尽量对差异缘由寻求合理的解释。

三

由上可知，重编新《经典释文》的基石在于出土文献与传世典籍之异文互勘，其针对的主要是出土简帛与其所对应的传世本间的字辞差异；由此可与《经典释文》载录之经籍异文彼此参照，构成谱系。

经检索可知，20 世纪以来出土简帛经籍单篇完整者共有 9 种 28 本，它们分别是：

1.《易》：①上博简（三）本经文（58 枚，1806 字），②清华简（四）《别卦》（7 枚），③阜阳双古堆汉简残本（存 3119 字，可对照经文 1110 字），④马王堆汉墓帛书《六十四卦》（93 行，4900 余字）、《系辞》（46 行，3000 余字）及《易之义》《二三子问》《要》《缪和》《昭力》等篇；

2.《诗》：①《上博简（一）·孔子诗论》引《诗》（29 枚，1006 字），②安大简（一）《诗经》（93 枚），③清华简（一）《耆夜》所引《蟋蟀》，④清华简（三）《周公之琴舞》所引《敬之》，⑤阜阳双古堆汉简本（170 余枚，涉及 69 篇），⑥海昏侯墓汉简本《诗经》（1200 余枚）；

3.《书》：清华简（一）《周武王有疾周公所自以代王之志》（可对照《金縢》，14 枚）；

4.《仪礼》：武威磨咀子汉简《礼》七篇（469 枚，27298 字，其中《丧服》有甲、乙、丙本）；

5.《礼记》（含大戴）：①郭店楚简《缁衣》（47 枚，1156 字），②上博简（一）《缁衣》（24 枚，978 字），③上博简（二）《民之父母》（14 枚），④上博简（四）《内豊》（10 枚），⑤上博简（七）《武王践阼》（15 枚），⑥阜阳双古堆汉简《哀公问五义》《保傅传》，⑦海昏侯墓汉简《礼记》类（约 300 枚）；

6.《春秋》：海昏侯墓汉简《春秋》及传（约 200 枚）；

7.《论语》：①定县八角廊汉简本（620余枚，7576字），②朝鲜平壤贞柏洞汉简本（约120枚），③海昏侯墓汉简本（约500枚）；

8.《老子》：①郭店楚简甲、乙、丙本（39、18、14枚，1000、380、260余字），②马王堆汉墓帛书甲、乙本（169、252行），③北大简（二）本（221枚，正文存5200字）；

9.《庄子》：①阜阳双古堆汉简《则阳》《让王》《外物》三篇（8枚，残），②江陵张家山汉简《盗跖》（44枚，1692字）。

此外，其他简帛文句若有引用经文者，或用辞与经籍传本有对应互异者亦均当悉数收录。将以上文本对照所得的异文组穷尽辑录完毕，此为重编新《经典释文》的第一步工作。

第二步即对辑录所得的每一对异文组进行文字形音义的疏释集证，条理其间造成差异之缘由，采集众说，搜罗旁证，证成己说。第三步即将全部异文组按照较为井然的逻辑次序进行编排。通过这一路径，重编新《经典释文》的主体部分可基本完成。其中，第二步是重编工程的重心，将直接关系到重编本的学术水平。

当然，重编工程亦非平地起楼，前贤已有诸多成果可资参考。首先，饶先生所说的“清代学者对异文的研究成果”是至关重要的一部分。清代朴学隆盛，以段王之学为旗帜的经史小学达到了难以超越的高度，当代学者其实并未予以充分参考，甚至很多学者率意提出的所谓新见往往早已被清儒所证实或证伪。

其次，现当代学者对出土简帛等的研究也有诸多很好的成果，已经解决了不少问题。就武威汉简而言，自1959年出土至今，对其主体部分《仪礼》七篇进行了系统的校释者，先后有（1）整理者陈梦家（1911—1966）的释文、校记（《武威汉简》，1964），（2）刘文献《武威汉简仪礼校补》（1965），（3）王关仕《仪礼汉简本考证》（1967），（4）沈文倬《礼汉简异文释》（1990—1992），（5）徐富昌《武威仪礼汉简文字编》（2006），（6）张焕君、刁小龙《武威汉简〈仪礼〉整理与研究》（2009）。其中，刘、王、徐三位分别代表台湾地区学者在三个时期内的学术水平。沈文倬之考释尤为精湛，简本与今传郑注本间之异文关系，以及两汉礼学典籍传承中的疑难症结很多已涣然冰释。借此机会，正待将前人相关研究成果予以汇辑，是者采之，疏者补之，非者斥之，有疑者识之。

再次，在编排体例上，应当打破《经典释文》逐句载释的固有方式，在现代学术系统中选取更为合理的逻辑框架。林焘、陆志韦曾对《经典释文》异文构成之类型作出穷尽梳理，采用现代学术框架重新分类，今试抽绎《经典释文异文之分析》（1950）全文之逻辑理路，谨依二先生之分析列简表如下：

<table>
<tr><td rowspan="17">《经典释文》异文构成之类型</td><td rowspan="3">1. 同声首异文</td><td colspan="2">正文无偏旁异文有偏旁</td><td rowspan="3">4660 条（57.2%）</td><td rowspan="9">字音相近之别字</td></tr>
<tr><td colspan="2">正文有偏旁异文无偏旁</td></tr>
<tr><td colspan="2">正文与异文偏旁不同</td></tr>
<tr><td rowspan="4">2. 古音同部异文</td><td colspan="2">直接通转之普通同部</td><td rowspan="4">1979 条（24.3%）</td></tr>
<tr><td rowspan="3">间接通转之特殊同部</td><td>阴阳对转</td></tr>
<tr><td>开合不同</td></tr>
<tr><td>收声不同</td></tr>
<tr><td rowspan="2">3. 古音相似之后起异文</td><td colspan="2">后起元音变化者</td><td rowspan="2">138 条（1.7%）</td></tr>
<tr><td colspan="2">后起收声变化者</td></tr>
<tr><td>4. 同字变体异文</td><td colspan="2"></td><td colspan="2">180 条（2.2%）</td></tr>
<tr><td rowspan="2">5. 偶然形误异文</td><td colspan="2">钞胥误录</td><td rowspan="2">600 条（7.4%）</td><td rowspan="2">字形相似之别字</td></tr>
<tr><td colspan="2">版本烂文</td></tr>
<tr><td rowspan="4">6. 涉义而误异文</td><td colspan="2">正异文意义相类者</td><td rowspan="4">570 条（7.0%）</td><td rowspan="4">字义相类之别字</td></tr>
<tr><td colspan="2">正异文意义相反者</td></tr>
<tr><td colspan="2">正异文本字意义不同，然自全句观之，意义并无甚出入者</td></tr>
<tr><td colspan="2">正异文意义不同，显似涉上下文而误者</td></tr>
<tr><td>7. 关系无从解释异文</td><td colspan="2"></td><td colspan="2">20 条（0.2%）</td></tr>
</table>

林、陆此框架草创发凡，依汉字形音义三分，由此逐层分析类下分类，迭出四级层次，各类下穷尽胪列《释文》所涵盖之异文条目。

林、陆二先生之后，在理论上取得一定突破者当推向熹之《〈诗经〉异文分析》(1989)。向先生全面细致梳理过《诗经》文字之形音义系统，编有《诗经词典》。通过比较分析传世《诗经》各本异文，向先生条列出如下五大异文类型：

<table>
<tr><td rowspan="20">《诗经》异文之类型</td><td rowspan="13">1. 形异</td><td rowspan="5">或体</td><td colspan="2">意符相同而声符不同</td></tr>
<tr><td colspan="2">声符相同而意符不同</td></tr>
<tr><td colspan="2">意符、声符都不同</td></tr>
<tr><td colspan="2">意符、声符位置不同</td></tr>
<tr><td colspan="2">一为形声字，一为会意字</td></tr>
<tr><td colspan="3">增文：增加意符或声符</td></tr>
<tr><td colspan="3">省文：省去意符或声符</td></tr>
<tr><td colspan="3">古文：一方为《说文》所标的古文</td></tr>
<tr><td colspan="3">籀文：一方为《说文》所标的籀文</td></tr>
<tr><td colspan="3">隶变</td></tr>
<tr><td colspan="3">古今字</td></tr>
<tr><td colspan="3">后起专字</td></tr>
<tr><td colspan="3">俗字</td></tr>
<tr><td>2. 通假</td><td colspan="3">语音相同或相近，意义没有关系</td></tr>
<tr><td rowspan="4">3. 通用</td><td rowspan="4">意义相同或相近</td><td colspan="2">读音相同或相近，意义相通 →同源</td></tr>
<tr><td rowspan="3">读音不同，意义相近</td><td>《毛诗》与三家《诗》的区别</td></tr>
<tr><td>用解释字代替原字</td></tr>
<tr><td>避讳</td></tr>
<tr><td>4. 义异</td><td colspan="3"></td></tr>
<tr><td>5. 句异</td><td colspan="3">词序、结构或词语的多少有所不同</td></tr>
</table>

不能否认，向先生的归类尚有较多内部重叠和颇具争议的地方。然这两大框架足资后之学者梳理各类典籍异文作参考，今重编新《经典释文》亦当吸收其合理的精神内核。

我在博士学位论文（《〈仪礼〉汉本异文构成分析》，2007）中，已完成对《仪礼》汉代诸文本异文的穷尽梳理，

南京大學博士學位論文

《儀禮》漢本異文構成分析

◎導 師 李 開、汪維輝

◎作 者 顧 濤

中國語言文學系

DEPARTMENT OF CHINESE LANGUAGE & LITERATURE

NANJING UNIVERSITY, P.R. CHINA

博士学位论文《〈仪礼〉汉本异文构成分析》(2007)

封面

初步建立了异文组内在构成之形音义间架谱系。然该谱系主要由归纳汉隶通行后之钞本、刻本异文所得，对处理与解释先秦古文字钞本所载字形尚有诸多滞碍。目前正通过对《易经》上海博物馆藏战国楚简本与传世王弼本所构成的异文进行穷尽梳理，对前贤所得之间架谱系作出了全面的调整与修订。最终将形成的“简帛经籍异文构成谱系”一步到位，落实在汉字构成诸要素层面，以形音义为基础三级架构，级下分类，完全由底层开掘异文构成的内在机理。使由历时传衍、地域变异、学派分合、俗钞错舛等外在因素所造成的看似纷乱无序的异文形体，均能在这一构成谱系中得到合理的说明。对每一条异文组的解析可暂分如下五步进行：（一）开列异文组条目，并标注出处；（二）类征同条异文组或该异文组所对应的他本相关字形；（三）疏释该异文组构成的形音义关系（此步必不可少）；（四）提供疏释得以成立的相关重要旁证；（五）集解能说明该异文组构成的其他方案。材料未足者则可阙如若干部分。

当然，此项工程的最终完成非一朝一夕之事，也非单人独力所能胜任，应当志同道合者共同步武前修，并肩前行。

四

重编新《经典释文》主体部分的工作几乎全部落实在文字形音义层面（即传统“小学”），此项工程将为文史哲各学科借助出土文献展开后续研究提供基石，饶宗颐之所谓“文化史重点问题来龙去脉”的若干症结问题，正期待着由此揭开尘封的面纱。在此就经学史的研究对新《经典释文》的预期价值，择其一端略作申发。

周予同（1898—1981）曾经概括中国旧有著述中三类近似于经学史的著作：一是以经师为中心，如胡秉虔《西京博士考》；二是以书籍为中心，如朱彝尊《经义考》；三是以典章制度为中心，如顾炎武《石经考》。然而周先生认为这三类都“只能作为辅助的或分门的参考资料”，所以皮锡瑞《经学历史》（1907）的诞生便“为经学史辟了一新途径”（周予同注释本序言）。皮氏以来，经学史著作不断涌现，细致程度和系统性已有明显的超越，如果对这些已有的经学史著述方式进行粗略概括的话，同样主要借助于三条思路：以事件为中心的可称之为纪事体，以人物为中心的可称之为传记体，以经注为中心的可称之为书论体。当然，每一部著作往往在有所侧重的同时兼而取之，穿插使用三种方式，如李威熊《中国经学发展史论》（1988）便主要采用传记体，更多地呈现出经学传授承递的流变关系，间或对经学界大事作整体勾画。又如吴雁南等《中国经学史》（2001）则主要采用纪事体，从各类史籍中抉发了大量经学界史事，然在某些时段亦完整介绍若干位经学大家，或对某一部经注作全面的评价。新近，在这三类著述体例的基础上又产生了主要论述思想流变的所谓“经学思想史”，由书论式又演化为抉发注释家思想的“经典诠释史”。

如果有意识地反观历来的经学史著述，不难发现有这样一个明显的空档，或者说被忽略了的薄弱环节，即对于经籍本身传衍变迁的历史缺乏细致梳理，对在传世定型本出现以前经籍钞本的承传情况缺少应有的认识。也就是说，一部经书从形成以来是怎样被传衍的？在一次次口传、钞写、刻印的过程中是否出现文字、句型或者体式的变化，怎样变化，有多大的变化？宋以后刊刻本的差异已系统地保留在历代校勘记中，汉以后钞本的差异也部分地存录在《经典释文》中，对早期古本的了解则有待于地下出土文献的新见资料与前两项资料互勘。我们今天能够见到如此丰富的原始史料，就应该利用它们着手对经籍传衍谱系进行考索，弥补历来经学史研究中的这一不足。新《经典释文》的完成，将催生这一经学研究的新生长点。在20世纪70年代，曾有黄永武《许慎之经学》（台湾师范大学国文研究所博士学位论文，1970）立足《说文解字》《五经异义》等传世文献，将各本异文与经学传授参互考察，进行了一定的尝试，也得到了很多可信的结论；然而，因其考察的对象仍然是特定的一位经学家，局限性自不待言。

比如《周易》在今传通行的王弼本之前，各家经师手上所持的本子往往各不相同，《经典释文》中存录了王弼本之外陆氏所见的其他各本文字差异，如果将这些差异汇辑起来，与史书所载两汉经学传授脉络并相稽考，自能证实或辨析已有的若干成见。就上举“劓刖”“臲卼”各本异文来说，京房学承孟、焦，其本属于今文学系统，熹平石经本与之形同，恰可证实此结论；荀爽、王肃并传费氏古文学，故二氏所本其形亦同，郑玄之学承自马融，虽自费氏而来，然于古文之学颇有变异，已非费氏本学，故郑本形体与之稍异；许慎学从今文，然《说文》所引多与孟氏不合，向有争讼，此处异文正与京本不同，然与古文各本亦不同，恐出于今文其他系统亦未可知。今马王堆帛书本与上博馆藏简本的地域均为楚地，是史籍载录的中原、齐鲁等地之外的传衍系统，马王堆本形体全异，可再作寻证；然上博本的时代为战国，较其他各本要早得多，就其所保留的一字可知，其与同地域的马王堆本非一线所传，恐为两汉诸本之早期祖本，后世亦有直承此线者。

又如《仪礼》有出土武威汉简本，与今传郑注本相对照，异文的数量（去其重复者）有近千条，各种形体所显示的内在差异并不相同，通过细致梳理，可窥探得自简本所据母本至郑玄注《礼》时代经文传衍的若干踪迹。试以古礼制常见的“奠觶”一词为例作些说明。此二字简本钞写异形颇为复杂，“奠”字异形八体，可以分作三个层次：（一）《特牲》48 简作“尊”，与奠本为一字，后由偏旁分化而成二字，此与《士丧礼》郑注“古文奠为尊”相合，反映的是今古文学派师法之不同；（二）《有司》37 简作

“设”、74简作“实”，与《公食大夫礼》郑注“今文奠为委”相类，均为近义词相互置换，所反映的可能是不同经师传授用词之不同；（三）《士相见礼》6简等作“鄭”、《有司》76简作“墺”，则是书手在钞录“奠”字时加设形旁，74简“实”字写作“宾”形则是书手在钞录时形近误写。简本无有作奠者，沈文倬曾推断：“简本作‘鄭’作‘墺’而无作奠者。此误写作‘尊’（按指《特》48简），可见其所据抄之本有作‘奠’，益信作郑作墺之为误加形旁也。”（沈文倬《礼汉简异文释》，第203条）然我认为恐非尽如沈说。简本之所据本或正处于奠、尊分化时代，故两作之，书手见“奠”依例赘加形旁，见“尊”则不加，故简本留有作“尊”者，此形直到郑玄时代尚在民间所传古文本中有所保留，故郑注载录之。

至于“觯”字所组成的异文群，共计异形十一体，亦可分作三个层次：（一）作“觚”、作“爵”、作“柶”均为酒器，与觯形制自不同，反映今古文学派师法传授相异，此类必经通儒识断，方能得以改正复原，如《有司》“兄弟之后生者举觯于其长”郑注所记载“古文觯皆为爵。延熹中设校书，定作觯”者是也；（二）觯，简本有作“觗”、作“觟”，觚，简本有作“柧”，此均为一字或体，为不同经师传授用词之差异，与《乡射》“执觯者洗，升实觯，反奠于宾与大夫”之“实觯”，郑注今文作“实之”，用代词代称者同类；（三）简本有作“析”、作“板”者则是书手钞录“柧”字时不慎形讹所致。通过字形分析还可知，书手钞录形讹亦可能造成今古文师法之异，如由“觶”钞成“觝”，由“觝”钞成“觚”，如此若未经及时改正则形成经师传授版本互异，故郑注依其所见多处载录两者古今文互作。

当然，依据异文对早期经籍传衍谱系所作的推测是零散的、片断式的，很难得到全貌，只是雪泥鸿爪式的断片留真，几乎不可能达到对整体传衍谱系间架的复原式呈现。然而，这样的探索是相当可贵的，不仅可弥补经籍传承史研究的空缺，很可能带来经学史研究的根本性突破。经学史上很多聚讼纷纭的难题，诸如经学今古文、师法家法以及传本经文错讹衍脱等若干不易决断之处，都有望获得一锤定音式的破译。

2007 年夏初稿，提交香港大学“东西方研究国际学术研讨会”（2007.10）；2008 年 5 月修订，金陵唱经楼

2020 年 7 月请梁睿成代为增补 20 世纪以来出土简帛经籍 9 种 28 本

《仪礼》汉本异文的史料来源

一、异文

两汉之际诸经传异本迭见，此非特今古文载录书体、流衍脉系及师法家法之别，经师口授、徒隶传钞往往因人而异，遂使经籍异本歧出，字句多殊（王国维《汉时古文诸经有转写本说》，《观堂集林》卷七）；由此忿争亦起，后汉桓、灵之世竟生"私行金货，定兰台桼书经字，以合其私文"（《后汉书·儒林传序》）之贿行。汉灵帝熹平四年（175），议郎蔡邕（132—192）"乃与五官中郎将堂溪典、光禄大夫杨赐，谏议大夫马日磾、议郎张驯、韩说、太史令单飏等，奏求正定《六经》文字"，此举得高宦李巡襄助，灵帝乃准奏，并下诏书碑镌石。光和六年（183）石经刻成，立于太学堂前，自此五经文字始定（依《隋志》，含《易》、《书》、鲁《诗》、《礼经》、《春秋》及《公羊》、《论语》二传）。

“后儒晚学，咸取正焉”（《后汉书·蔡邕传》），由是“争者用息”（《后汉书·吕强传》）。熹平石经堪称“吾国经籍最古之刻本”（屈万里《汉石经周易残字集证》，1984）。

更有北海高密郑玄字康成者，洽熟经传，博通六艺，乃举世纯儒，汉灵帝熹平、光和中亦曾“括囊大典，网罗众家，删裁繁诬，刊改漏失”，兼注《三礼》，“集汉学之大成”，遂息“经有数家，家有数说”之争端，由是“学者苦其时家法繁杂，见郑君闳通博大，无所不包，众论翕然归之，不复舍此趋彼”，“经生皆从郑氏，不必更求各家”（皮锡瑞《经学历史》，1907）。纵观郑氏《三礼注》近两千年来之传衍，“无论以校《礼》注《礼》，以及议礼行礼，以及礼学著述之富，与夫自王肃而下未有能夺其席者论之，但就礼学言，即谓郑氏为至高无上之巨子，百世不祧之儒宗，亮非过誉”（李云光《三礼郑氏学发凡》，1966）。

此二事均在灵帝时，积近四百年之汉祚已使两汉经学趋于极盛，复归于一统；此后经学之发展遂为之转捩。另一方面，经这两番一统，两汉经籍诸钞本大都自行废弃，经典异文频仍之现象亦随之浸息，此恰使汉代经籍钞本遭到了一次“无形的摧毁”（张舜徽说），后人欲见古本异文已颇不易得。

“异文”一词连言当不迟于战国时期，如《礼记·乐记》即有“礼者，殊事合敬者也；乐者，异文合爱者也”之称，然此指音乐之不同音阶或调式而言。今天所说的异文概念，当以西晋杜预集解《春秋左氏传》“凡得失小，故经无异文而传备其事”之称为最早，此后沿用至今，然其含义微有差异。其一，作为文献学术语而言，“异文指同一文献的不同版本中用字的差异，或原文与引文用字的差异”（陆宗达、王宁《训诂方法论》，1983）。前者可称版本异文，后者乃是引用异文。这两类中当然主要以版本异文为主，“文献的不同版本”不仅包括同一传世典籍不同时代的刻本、钞本，还应包括现尚存传本的出土文献与对应的传本之间的字辞差异，尤其是这种“现在有传本的古书钞本，由于与原本比较接近，作为语言资料，其价值也远远超过今本”（朱德熙、裘锡圭《七十年代出土的秦汉简册和帛书》，1982）。这是最为狭义的异文含义。其二，作为词汇学术语而言，“异文是指古代不同典籍记载同一事件或转录同一文章时使用的不同词语”（赵克勤《古代汉语词汇学》，1994）。这就将异文所指由同一文献扩展到了不同典籍，扩大了异文的外延，分别又有两书异文和名称异文两类与之相对应。其三，作为文字学术语而言，异文则是“指同一个字的不同写法，大致也就是异体字”，也“可能是方音的不同，有的还可能是错别字”（冯春田等《王力语言学词典》，1995）。这一定义将“记载同一事件”的内涵限制也取消了，仅仅就字和字形变体多对一的映射关系立说，进一步扩大了异文的外延。这是最为广义的异文含义。

此处所指《仪礼》的异文，主要针对狭义的版本异文和引用异文，在对这批语料进行细化疏证时则又将视角充分扩展到最为广义的异文含义，尽可能汇集与该异文组相关的各类历时与地域之字形变体。

导致异文的产生，除社会历史文化等外因外，更重要的是文字系统本身的内因，这一点最早由郑玄明揭之，陆德明《经典释文序录》引郑说云："其始书之也，仓卒无其字，或以音类比方假借为之，趣于近之而已。受之者非一邦之人，人用其乡，同言异字，同字异言，于兹遂生矣。"洪诚（1910—1980）曾译释郑意如下：

> 郑玄这段话说明典籍中由于假借字多，因而出现一词多字，一字多义。大意是说：开始记录语言，借音近的字标音，只要求近似。由于受读记录者不是一个方言区的人，各人用自己的方言去读和写，于是同一个词，各人写出不同的字；同一个字各人依照自己的方音表示出不同的词。这样，就产生了假借字纷歧，音义不一致的现象。（《中国历代语言文字学文选》，1982）

郑氏盖由文字同音假借与地域方音变异两方面立论，闳通有识，后儒多所依傍与衍释，如北齐颜之推即曰："夫九州之人，言语不同，生民已来，固常然矣。……而古语与今殊别，其间轻重清浊，犹未可晓；加以内言外言，急言

与博士论文答辩委员会成员合影（左起：徐兴无、滕志贤、张涌泉、黄征、高小方、顾涛，2007.5）

徐言、读若之类，益使人疑。”（《颜氏家训·音辞》）“孔子存其义而不论其文也。先儒尚得改文从意，何况书写流传耶?”（《颜氏家训·书证》）下至清儒极事更张，乃因声以求义，大破文字通假，创通“就古音以求古义，引申触类，不限形体”（王念孙《广雅疏证序》）之法，使传统训诂学臻于极致。

若就文字形音义之关系互相推求，其实“任何一方面都有产生异文之可能”。同音假借之立足点在字音，是异文滋生极为重要的一个方面，但字形讹变、同义换辞等同样可能造成大量异文。

二、郑注

为了由异文以考索文字形音义系统共时层面得以转换之发生机制，我的博士论文选择《仪礼》异文作为解析对象，研究的范围限于《仪礼》之两汉文本。汉本的确定可使观察者的视角锁定在某一平面或大致相近的历时层面上（自公元前206年西汉立国至220年东汉亡国之间亦有四百多年的历史），以免材料因时间跨度过长而芜杂莫知所归。

“今欲见汉代典籍的面貌，大约不外帛本、简本、纸本和石本。”（《武威汉简》叙论）古籍中至今尚能得见汉本者，惟《仪礼》兼备简本、石本和传世纸本三项，实属难能可贵。其中，纸本指今传东汉郑玄《仪礼注》中明确标识之“古文”“今文”等汉世异文；石本指东汉熹平石经《仪礼》今存之数百残字；简本则指20世纪中叶出土之甘肃武威西汉竹木简《仪礼》钞本七篇。下面分别对这三类史料之内容、体例与特征略作辨析。

郑玄于《仪礼注》中详悉标识“古文”“今文”之异文，此与《周礼注》之“故书”“今书”、《礼记注》之“古字”“今字”等，均系郑氏注《礼》博稽众本，比照异同之明证。郑氏留给后世《三礼》汉本异文如此丰富之语料，由此益信戴震之赞“郑康成之学尽在《三礼注》，当与《春秋》三传并重”（段玉裁《戴东原先生年谱》卷尾载录“先生言”），洵非虚誉。

与导师李开先生合影（2012.4）

郑氏《仪礼注》最早之刊本有五代监本，刻成于后周广顺三年（953），两宋间递有翻刻，其中以严州单注本为佳，清黄丕烈得王敬铭家藏严州本，并于嘉庆二十年（1815）刻入《士礼居丛书》，然黄氏所藏宋刻原本今已不得见；又有明嘉靖吴郡徐氏据宋严州本或较严本更早之宋本翻刻，所据版本甚善（顾广圻认为徐氏祖严州本，陈鳣则认为徐氏之本尚在严本之前）。今即以《四部丛刊》影印明徐氏刻本为底本，参校其他版本（包括单注本和注疏合刻本），并辅之以清人校勘记若干种（卢文弨《仪礼注疏详校》，黄丕烈《严本仪礼郑氏注校录》，阮元、徐养原《仪礼注疏校勘记》，孙诒让《仪礼注疏校记》等），以期尽量恢复郑氏《仪礼注》之原貌。

异文组之收录一本徐氏刻本，凡徐本载录郑注异文或徐本与简本文字有异者悉数采录。偶遇徐本与其他传本相异而未尽善者，此若恰与简本互异，今亦依徐本收录，而于疏释中说明之。如《士虞礼》“哀荐祫事”徐本郑注：“今文曰吉事。”他本均作“古事”，徐本形讹。然今依徐本收录。偶遇其他传本与简本互异而徐本与简本合者，则不计入汉本异文，亦不予收录。如《特牲馈食礼》“设洗于降阶东南，壶禁在东序”，阮刻本等作“西序”，简本《特牲》7作“东序”，陈梦家《校记》曰：“东序，今本作西序。”我在梳理时未依陈《校记》，不出条目。

唐代经师贾公彦即已揭橥郑注体例两项，其文曰：“郑注《礼》之时，以‘今’‘古’二字并之。若从今文不从古文，即今文在经，‘闑’‘阈’之等是也；于注内叠出古文，‘㮊’‘蹷’之属是也。若从古文不从今文，则古文在经，注内叠出今文，即下文‘孝友时格’郑注云‘今文格为暇'，又《丧服》注'今文无冠布缨'之等是也。"（《士冠礼》"阑西阈外西面"郑注"古文阑为槷，阈为蹙"句）贾氏所揭尚嫌疏阔，清人胡承珙逐一条理郑识《仪礼》今古文之异同，抽绎出蕴含其间之主条例二、次条例三，胡氏《仪礼古今文疏义自序》曰：

盖郑君作注参用二本，从今文者则今文在经，古文出注，从古文者则古文在经，今文出注，此其大较也。然尚有不止此者，今文、古文各有一字两作者，如膱为今文、胾为古文，而又云"今文膱或作植"；缫为古文、璪为今文，而又云"古文缫或作藻"。且有不言今古文，但云"某或作某"者，殆当时行用更有别本，斯可谓博稽广揽者矣。

胡氏将贾公彦所揭两项作为主条例，又别出次条例"或作"类三项，归并同类，共可得文字歧异类异文 282 对，字数多寡类异文 79 例（另出"当为""当作"11 例，汉读 25 例），胡氏已将郑注之异文、汉读收罗无遗。

胡承珙之后，对古今文作出全面统计者尚有李云光、虞万里二家。李先生《三礼郑氏学发凡》有云：

今检《仪礼注》中引古文异文者二百五十八条，其中称古文或本者凡八见，（见《聘礼记》、《公食大夫礼》[二条]、《士丧礼》、《既夕礼记》、《士虞礼》及《士虞礼记》

［二条］等注中。）是古文不止一本也。……至于今文之本，郑氏注中引异文二百六十一条，其中称或本者十三条，（见《乡饮酒礼》、《乡射礼》、《乡射礼记》、《燕礼》、《大射仪》、《聘礼》［四条］、《公食大夫礼》、《觐礼》、《士虞礼记》及《特牲馈食礼》等注中。）是今文亦非一本也。

李先生统计所得的 519（258 + 261）条显然包括郑注前后重复的条目在内。根据李先生的分析，这些条目大致包含两类："其一为字数之异，古文本之字较今文本为多。《注》所云'今文无某'者，凡四十三条；其云'古文无某'者，仅三条而已。""其二为用字之异。"

虞先生首先对《三礼》郑注标识异文（包括汉读）之术语作释例，其中《仪礼》异文术语有"今文为""今文作""今文曰""古文为""古文作""古文曰""或为""或作"八类（另有案断及汉读术语"当为""当作""读为""读若""读如""读曰""某某作""声音相近""方音或方言""字之误"者十类）；并胪列各条进行分类归纳，由虞先生《〈仪礼〉汉读异文统计表》可知，郑注异文共计 414 条（亦包括郑注前后重复的条目在内），与李先生《发凡》统计尚有一定出入（李：519 －（43 ＋ 3）＝ 473 条，虞：414 ＋ 16 ＋ 32 ＝ 462 条）。我亦曾逐一条理《仪礼》郑注古今文，所得总数 551 条，多于李、虞二家，归并同类后则与胡承珙所得密合。

三、石经

东汉灵帝年间刻成之熹平石经未逾一秩即遇董卓之乱，其后连遭兵燹、迁徙而续有损毁，隋开皇间竟已废毁为柱础，至唐贞观初魏徵下令收集石经，已十不存一，唐后盖湮灭殆尽。爰及赵宋，汉石经首度出土问世，董逌《广川书跋》有谓“国初开地唐御史府，得石经十余石”，邵博《闻见后录》亦载“近年洛阳张氏发地得石十数，汉蔡伯喈隶《尚书》、《礼记》（按：恐即《礼经》）、《论语》，各已坏缺”云云可证（详参张国淦《历代石经考》“汉石经”部分）。洪适《隶释》卷十四、《隶续》卷十五悉数收录宋见之石，然存字甚少，所收《石经仪礼残碑》仅 101 字（45 + 56），且“摩灭字画，比它经不明白”，“漫灭泰甚，仅有数字隐隐可认”，洪氏推定为《大射》《聘礼》《士虞》之文。

民国十一年（1922）冬，汉石经又一次于河南洛阳故城南太学遗址（当时洛水南岸之碑楼庄、朱家圪垱、大桥三村之间）出土，其后三十多年间，公私多有收藏石经残碑拓本，摹录印行者亦有多家，罗振玉（1866—1940）即前后编有《汉熹平石经残字集录》及《续编补遗》《三编》《四编》《又续编》《续补》六种（已悉数收入贾贵荣辑《历代石经研究资料辑刊》，2005）。又有金石学家马衡（1881—1955）专事于此，晚岁于病中囊括众拓，汇为《汉石经集存》，后由陈公柔等誊录、标点、校订成书，1957年由科学出版社正式出版（上海书店出版社2014年重印）。

《汉石经集存》标号第392至470号为《仪礼》部分，其中包括洪适所收101字，分别为401、433、447号。马先生所得碑刻由仅存一二字之碎石至完好保存半幅之巨碑不等。收录残字数量据马先生释文共计千余字，然近半数已非完字，系马先生据碑刻残留笔划及上下文义推定，如第423与424号，马先生定作《乡射》之文，原刻图版及释文分别为：

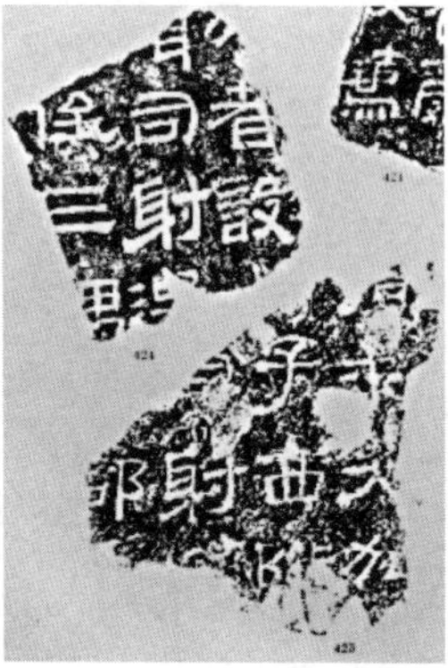

汉石经《仪礼·乡射》图版（一）

复求矢加
子西阶
司射乃
却 ……… 423
获者设中
揖司射退
俟三耦 ……… 424

仅据图版能清晰认定的只有“加、子西、射”和“者设、司射、俟三”10字，其他12字或仅存残笔，或漫漶不清，均为马先生推定。此外，尚有碑表整体磨损，字体难以辨认者，如：

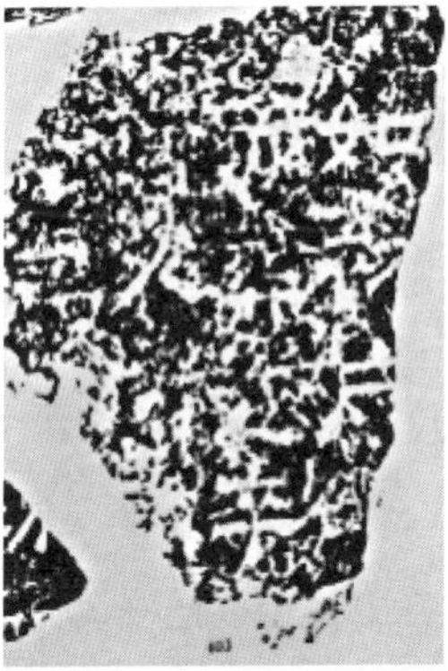

汉石经《仪礼·乡射》图版（二）

如初尸出
面葬遂卒
□蚤鬋用
常 ……… 403

从图版中仅可依稀认定“如、卒”2字，马先生推定为如上13字（其中一字不能确定，用□表示）。

马先生精研金石文字，且得见原刻，所定当可信。下文辨证异文凡引及《仪礼》石经残字，悉照马先生之释文。此部分异文，大致可分作两类，一类与郑录今文合者，另一类郑氏无注，新出者。

四、汉简

1959年7月，甘肃武威县磨咀子六号汉墓出土《仪礼》竹、木简共计469枚，27298字。后经中国科学院考古研究所陈梦家等整理释读，其成果汇为《武威汉简》一书，1964年由文物出版社正式出版（中华书局2005年重印）。整理者认为，简本可分作甲、乙、丙三本：

甲本：木简，字大简宽，凡存七篇，即《士相见礼》《服传》《特牲》《少牢》《有司》《燕礼》《泰射》，共398简（已缺失24简），22971字；

乙本：木简，字小简窄，仅《服传》一篇，共37简（无缺简），3042字；

丙本：竹简，字大，仅《丧服》经、记一篇，共34简（无缺简），1285字。

《武威汉简》全书由叙论、释文、校记、摹本、影图五部分组成，其中前三部分均由陈梦家完成，摹录文字由张邦彦完成。然陈先生之校记少下案断，及至沈文倬《礼汉简异文释》，简本文字异文关系方大多冰释。本文以沈《释》为疏论基础，未及者补之，偶误者正之，亦兼采其他各家考释，择善取用。沈《释》出校列目计509条，实际考校简本与传本文句相异之处718处（其中有少量重复考校条目，如第246、475条分别考释《少》《大射》"今本受作授"，第332条考释《司》"今本授作受"，实可归并；亦有少量漏校者）。

沈《释》采用的校语主要有：

（1）今本X作A，此校二本书写用字之差异。如《士相见礼》第1简"垫，冬用雉，夏用居，左椬奉之"

句沈《释》出校三处：今本“埶”作“贽”（今见本此字均作“挚”，沈先生据《经典释文》引录经文为说）。此类共计398条。

（2）今本X上/下有A字，此校简本比今本减少之字，A可为一字或数字，或为简本省脱，或为今本重衍。如《特牲》第30简“献祝及佐食，洗致于主人主妇”句沈《释》出校二处：今本“献”上有“酌”字。今本“洗”下有“爵酌”二字。其中亦包括沈《释》虽用“今本X作A”式，实系表简本减少之字，如《大射》第35简“仆师相少师”句今本“仆”下有“人”字，而沈《释》云：今本“仆师”作“仆人师”。此类共计253条。

（3）今本重X字，此亦校简本比今本减少之字，亦可视为简本脱重文号。如《特牲》第5简“宿宾如主人服”句沈《释》：今本重“宾”字。沈氏亦注明此或“简本误脱重文号”。此类共计18条。

（4）今本不重X字，此校简本比今本增多之重字。如《大射》第38简“大师及少师上工皆东，东坫之东南”句沈《释》：今本不重“东”字。亦包括简本所多之重文号，如《燕礼》第32简“东₌□之东”句沈《释》：今本不重上“东”字。此类共计7条。

（5）今本无X字，此亦校简本比今本增多之字。如《士相见礼》第13简“君命之食然后食授”句沈《释》：今本无“授”字。此类共计29条。

（6）今本 AB 作 BA，此校简本与今本互倒之字。如《有司》第 12 简“或豖俎左肩折”句沈《释》：今本“豖俎”作“俎豖”。此类亦包括如《大射》第 94 简“司马与司射交于阶前”句沈《释》：今本“马”字与“射”字互易。此类共计 13 条。

此外，沈《释》尚有校对简本与今本虽同而郑注有今古文异文若干处，如《大射》第 44 简沈《释》即分别于“者为偶不异侯”“偶讵于次比”句下云：郑注：“古文异作‘辞’。”简本、今本俱用今文；郑注：“今文侯作‘立’。”今本、简本俱用古文。此不单独为一类。综合以上六类沈《释》之全部校语，可得如下略表：

<table>
<tr><th></th><th>沈《释》条号</th><th>今本 X 作 A</th><th>今本有 A 字</th><th>今本重 X 字</th><th>今本不重 X 字</th><th>今本无 X 字</th><th>今本 AB 作 BA</th></tr>
<tr><td>见</td><td>第 1—第 39</td><td>46</td><td>21</td><td>1</td><td>1</td><td>4</td><td></td></tr>
<tr><td>服</td><td>第 40—第 117</td><td>62</td><td>45</td><td>2</td><td></td><td>6</td><td>6</td></tr>
<tr><td>特</td><td>第 118—第 216</td><td>87</td><td>46</td><td>4</td><td>1</td><td>3</td><td>1</td></tr>
<tr><td>少</td><td>第 217—第 272</td><td>47</td><td>23</td><td></td><td></td><td>2</td><td></td></tr>
<tr><td>司</td><td>第 273—第 348</td><td>35</td><td>46</td><td>1</td><td></td><td>6</td><td>2</td></tr>
<tr><td>燕</td><td>第 349—第 408</td><td>51</td><td>30</td><td>7</td><td>2</td><td>2</td><td></td></tr>
<tr><td>大射</td><td>第 409—第 509</td><td>70</td><td>42</td><td>3</td><td>3</td><td>6</td><td>4</td></tr>
<tr><td rowspan="2">总结</td><td rowspan="2">509</td><td>398</td><td>253</td><td>18</td><td>7</td><td>29</td><td>13</td></tr>
<tr><td colspan="6">718</td></tr>
</table>

五、征引

《仪礼》汉本的异文，除了以上三大史料来源之外，两汉时人所撰作的典籍中偶亦引及《礼经》文字，与今本《仪礼》相对照文字往往有所歧异，这同样构成《仪礼》汉本异文。如东汉许慎撰《说文解字》所引《礼》数条，段注《说文》“盬”字下曰：“许书言‘礼有柶’‘礼有刷巾’‘礼有奠祭’‘礼有缙缘’，皆谓《礼经》。”如《食》“铏芼牛藿，羊苦豕薇，皆有滑”郑注：“今文苦为苄。”《说文·艹部》“苄”字引作“钘毛牛藿，羊苄豕薇”，构成“铏—钘”“芼—毛”“苦—苄”三组异文。对《说文》引《礼》书之所从，黄永武《许慎之经学》辩识曰：“许书引《礼》之条，其师法既陆离莫辨，考其所引经字，又或与今本不同，此非许君故为朴遬，转致支离者也。《说文》以本字是从，所引必为本字，故其间又有不嫌甄采今文者。”此类，吴玉搢《说文引经考》和马宗霍《说文解字引经考》已悉数剔出，可资参考。

又如东汉班固（32—92）所撰《白虎通义》（省称《白虎通》），旨记汉章帝建初四年（79）白虎观群儒辩论五经异同之结果，其中亦多涉《仪礼》经文。《白虎通》引称“礼”“礼经”者次数甚多，其引述除单称“礼”或“礼经”者外，尚有用“礼＋篇名＋经（或记）”者，如称“礼士冠经”。然《白虎通》所引之《礼》并非全部指《仪礼》，其后所引文字亦并非全部见于今传郑注本《仪礼》。其见于郑注本《仪礼》者逐章表列于后；其未见于郑注本《仪礼》者大概尚有如下五种情况：

（1）转述今传郑注本《仪礼》经义。《白虎通》所引文句今传郑注本无，然有文意大致相合者。如卷五《乡射》引《礼》曰："宾主执弓请升，射于两楹之间。"郑注本虽无此句，然《乡射》有宾主人射节，《大射》有君与宾耦射节，所记大致相仿，故陈立《疏证》曰："所引《礼》曰，约《乡射》《大射》文。"

（2）见于今传郑注本《礼记》。如卷九《姓名》引《礼》曰："二名不偏讳。逮事父母则讳王父母，不逮事父母则不讳王父母也。君前不讳，诗书不讳，临文不讳，郊庙中不讳。"此段见于郑注本《礼记·曲礼上》。此类在《白虎通》引《礼》中为数不少。

（3）见于今传郑注本《周礼》。如卷十一《崩薨》引《礼》曰："冢人掌兆域之图，先王之葬居中，以昭穆为左右，群臣从葬，以贵贱序。"此盖与《周礼·春官·冢人》"冢人掌公墓之地，辨其兆域而为之图，先王之葬居中，以昭穆为左右。凡诸侯居左、右以前，卿大夫士居后，各以其族"句相合而稍异其文字。

（4）为《礼纬》之文。如卷十一《崩薨》引《礼》曰："天子舟车殡，诸侯车殡，大夫攒涂，士瘗，尊卑之差也。"此句郑注本《三礼》无。陈立《疏证》因前有引

《礼·稽命征》语，故曰：“此疑亦《礼纬》文。”然《礼纬》还有《含文嘉》《斗威仪》等篇，待查出处。

（5）不见于今传本，恐为逸《礼》。如卷七《王者不臣》引《礼·服传》曰：“子得为父臣者，不遗善之义也。”陈立《疏证》曰：“今《丧服传》无此文，盖逸《礼》也。”

今将以上五种情况者剔除，得《白虎通》引《仪礼》者凡 41 条，表列如下，带 * 者为与今传郑注本构成异文者。

卷数名		称引篇名、次数
一	爵	《冠》1
二	号	《冠》1
	谥	《冠》3（其一原称《礼·郊特牲》，误）
四	京师	《服》1
五	三军	《冠》1 *
七	考黜	《觐》1
	王者不臣	《服》1
	蓍龟	《冠》2 *
八	瑞贽	《见》1 *
	三纲六纪	《昏》1 *；《服》1 *
	宗族	《服》1；《昏》1 *
九	姓名	《冠》1；《昏》1 *
十	嫁娶	《昏》11 *
	绋冕	《冠》6 *
十一	丧服	《服》4；《虞》1；《丧》1
	崩薨	《既》1

《说文》《白虎通》之外，还有一些两汉典籍，如史游《急就篇》、《公羊传》何休解诂等亦引有少量《仪礼》文句，偶或与今传郑注本形成异文，此不一一列举。

六、《释文》

陆德明的《经典释文》保留了大量先唐故籍之异文材料，就卷十《仪礼音义》部分而言，即摘录出经注文字计6000字左右，下施以音释，兼标陆氏所见本异文并酌训字义。可兹采录之史料大致可分作如下三部分：

（1）《释文》字头与今传本构成异文。《释文》依从某本采录以作为字头，此本与今传本不尽一致，对应可构成异文。如《释文》第一页即有两字与今徐刻本不同：《士冠礼》第一句《释文》出“庿门”，今徐刻本作“廟（庙）门”，此异全书均然，武威简本、熹平石经均作“廟（庙）”；《释文》出郑注“以眡”，今徐刻本作“以视”。此二字正代表了两种不同的类型。陆于“以视”二字下有注：“音视。本或作视。”今徐本恰与《释文》或本合。此类《释文》中较多见，又如《士昏礼》“媵衽良席在东”郑注引《孟子》“将见良人之所之”，《释文》出“将覸”二字，然注作：“今本亦作见。”“庿—廟”异文《释文》则未载他本与之对应，此另一类，又如今徐本《丧》“禒衣”《释文》录作“禄衣”，亦未出注他本之所作。

有时异文之构成恰为郑注古今文之字，如《既夕礼》“白狗幦”郑注：“古文幦为幂。”《释文》则出“为幕”，注作：“音莫。”幕、莫均铎部字，可见陆氏所见本绝非锡部之幂无疑，而“幂—幕”构成古今文郑氏亦明有注（见《公食大夫礼》“簠有盖幂”），《释文》本则为深入探索此三字之递嬗关系提供了重要线索。

（2）《释文》标识之他本异文。《仪礼音义》明确标识陆氏所见之先唐别本异文者计129条，陆氏使用之术语有：或作、又作、亦作、本作、本或作、本又作、本亦作、一本作、刘作、刘本作、刘本亦作、《字林》作、字或作、字又作、今本多作。刘指刘昌宗《周礼音》。此类异文有些可与郑注今古文相对应，如《既夕礼》“侇床”《释文》：“音夷。本亦作夷。”此正与《丧》“男女奉尸侇于堂”郑注“今文侇作夷”相对应。有些可与武威汉简本相对应，如《士丧礼》“大鬲”《释文》：“音革。又作搹，同。”《丧服》“苴绖大搹”简甲本第1支正作“鬲”。有些可与熹平石经本相对应，如《特牲馈食礼》“东枋”《释文》：“音柄。本亦作柄。”《有司》“东枋”石经409号正作“柄”。然而，《释文》所标他本异文大多则由汉后传钞所增出，如所标“刘（本亦）作”“《字林》作”“今本多作”盖必是，其他相当一部分亦无法确定是否两汉时代即已构成，如《士冠礼》“廌脯”陆释作：“本又作薦，子见反，或作廌，非也。廌，依字直买反，解廌，兽名。”薦字见于《集韵·去霰》薦之或体，鹿本兽名，陆已辨之，此二字恐均系汉后所生，前者为俗写复增豕旁，后者为形似而误。

有时陆标之异文恰为郑注古今文之字，如《特牲》“淳沃”郑注：“今文淳作激。”《释文》出“作激”二字，下释曰：“古狄反。一本作浮，刘本作徼，音敫。”淳、激二字音义均远隔，何以构成异文历来无释，王引之正据《释文》新增二异文始断其激为形讹（《经义述闻》卷十），王说通达，为胡承珙、胡培翚二氏所采。可见《释文》标注此类异文价值甚高。

（3）《释文》音释可援以证《仪礼》汉本异文。《释文》之音释非仅单为字头注音，据万献初的研究，就《释文》“音某”而言，除注音外，尚有显示音变构词、形变构词的“音”、明假借的“音”、辨析字形的“音”三种。因此《释文》海量的音释时可援以证诸《仪礼》汉本异文之关系。如郑注“今文蠃为蜗”共四见，蠃、蜗虽均为歌部，然声纽来、见相隔，陆氏《释文》则于“蠃醢”下标“力禾反”，于“为蜗”下标“力禾反，又古华反”，亦四见，两字反切相同，可证其古音同在来纽歌部，“力禾反”为蜗之明假借的切语，蜗之见纽音（古华反）为其本字音，陆氏则作又音处理。诸如此类，历代字书往往未收，其价值自不可与单注字音类同日而语。

然《释文》所收语料有一个显著的弱点，即它“累积了先秦至南北朝一千多年间不同历史层面、不同地域范围的复杂的语言文字信息”，“它的资料具有泛时的特点，所以，研究这部书不能用绝对描写的方法，对书中大量的音义材料，需要一点一点地确定它们的实质，梳理它们的脉络”（宗福邦、王宁为万献初《〈经典释文〉音切类目研究》所作序）。其实，《释文》所录有相当一部分为汉后所增出，阮元《校勘记》即云：“《仪礼》字例亦多参差，如《士冠》《特牲》俱有‘主人受视’之语，《士冠》作眡，《特牲》作视；《士冠》‘嘉荐亶时’，刘作亹，陆作时，皆后人任意为之，非郑氏之旧。”此类在《释文》异文中颇为常见。但是，要为《释文》每一条材料作出时空定限，即使以汉末为界限大致确定时段，此绝非易事，亦非本文所欲细究。基于此，上述三部分《释文》材料均不单独出列为一条目，仅作为《仪礼》汉本异文构成分析最为重要的旁证，虽然这批材料往往具有一锤定音之效用。

2007 年 5 月，金陵唱经楼

收入博士论文《〈仪礼〉汉本异文构成分析》（2007 年 5 月答辩）

新经学重建之路径探索

一

2007年10月，我有幸赴香港大学参加中文学院八十周年院庆，曾向学界拟议重建中国新经学之草案；时隔两年多，奉读虞万里新著《上博馆藏楚竹书〈缁衣〉综合研究》(2009)，不禁拍案击节，叹新经学之冰山一角终于浮出水面，虞先生已先得余心之同然。

新经学之思想发轫于饶宗颐。饶先生的目光对准千四百年来汉唐学术资源取之不尽的富矿——《经典释文》，提出重编新《经典释文》的方案，相信这“是文化史重点问题来龙去脉的综合性研究的基础”(《新经学的提出——预期的文艺复兴工作》)，是新经学之根基。

新《释文》的主体工作至少包括如下两步。第一步是对新得经籍异文予以穷尽汇集。如20世纪50年代末出

与单周尧、凌德祥先生在香港大学中文学院八十周年晚宴合影（2007.10）

土的武威磨咀子汉简《礼》七篇（469 枚，27298 字），与今传本《仪礼》相对照，直接构成六百多组异文。由此开经籍出土之闸。近半个世纪以来，“先秦‘原版’文献”（引文均出自虞著）陆续显现，与今传本可直接构成批量异文组。此外还有其他出土文献引用、转述经文等所构成的零星异文，均当悉数辑录。第二步则是对辑录所得的每一组异文进行文字形音义的疏证，条理其间造成差异之机理，立足于此可使由历时传衍、地域变异、学派分合、俗钞错舛等外在因素所造成的看似纷乱无序的异文形体，纳入到同一平台上得到合理的说明。这一步是重编工程的重心，亦是今人得以超迈陆氏之处，将直接关系到后续研究的可靠性。虞著正是秉续此思想而成，选取《礼记·缁衣》篇作为解析样板，先设三章对上博简、郭店简、传本、石经等所构成的每一条异文予以全面疏证，计约15万字，占全书篇幅的1/3。此一番语言文字学（小学）的实证工夫，是全书根柢之所在，善读虞著者不可不知。

然虞著尚远不止于此。虞先生将形音义的平面结构再作时空之立体延伸，旨在进一步敲定异文双方致异的时代与地域。此新《释文》之第二步。兹略举数例简述其思路。如传本引《甫刑》"播刑之不迪"之播，上博简《紂衣》引15作"𥝩"。两者是古今字的关系，上博简释作𥞩，误。对此二字形义之证误李零已着鞭，虞著从之，且又突进一层。其通过参验汉碑、古玺和《尚书》诸古钞本，探明《尚书》作𥝩为先秦旧貌，下逮汉魏之际仍有钞作此形，而今本作播"系承唐石经而来"，证诸日藏唐钞本《经典释文》，可推知其为东汉郑玄注本原文，𥝩、播交替的时段可基本落定在东汉末（上下略可延）。又如传本"子曰：唯君子能好其正，小人毒其正"句之"正"，上博简21作"匹"，郭店简42作"驼"。虞先生考定作驼为"𨾴"之通假，作匹为"𨾴"之省体，作正为匹之误字，由此可平息时贤之歧说。再进一层，虞先生又据居延简、马王堆帛书、银雀山简推定"正、匹相混似应定在文、景或武帝以后"，而"至魏晋六朝犹在滋生”。简括而言，《缁衣》战国钞本必定有作𨾅形者，作匹、作䮘为据此传钞而来，作匹之本必下至汉世仍行，汉人据此本误钞成“正”，而至东汉除作“正”之本外，其他各本恐均已不见流传，故郑注未予收录。虞先生经由𨾅、䮘、匹、正异文四形，描画出战国至汉末经本传钞之历时痕迹。

考定异文之地域差异，则主要借助于古方音，而其旨在穿破古音相近可通之音理症结。清代古音学家或言“合韵”（段玉裁—黄侃），或称“通转”（戴震—章太炎），其虽已初知“转阴转阳，五方之殊音”（孔广森《诗声类》），然终嫌未达一间。今地下简帛层出，此滞涨不除，必滋生好言通转，牵连至无不可转之弊，穿凿皮相之说往往而起。较早凿破其间混沌者当数林语堂（1895—1976），林氏于20世纪上半叶所撰《前汉方言区域考》（1927）、《燕齐鲁卫阳声转变考》（1933）、《陈宋淮楚歌寒对转考》（1933）诸文已开古方音钩沉之端，可惜此后林氏转行，此途乏人问津。五十年后，虞先生上继林氏，推扬其波，其目标是“遍考每个方音字的‘出生年月’和‘籍贯’”（《从古方音看歌支的关系及其演变》，1984）。杨蓉蓉已指出了虞先生受到林语堂的影响：“前人的论述，特别是林语堂先生的方音观，对虞万里的影响是很深的。对林语堂先生发表的有关古方音的论文，虞万里都认真读过，做过许多札记。尤其是《陈宋淮楚歌寒对转考》一文，他一直很推崇，不难看出,《从古方音看歌支的关系及其演变》是深受该文影响的。”(《榆枋斋学术论集》编后记)沿着这一路径,虞先生做过大量的工作,今已形诸文字者有《从古方音看歌支的关系及其演变》(1984)、《山东古方音与古史研究》(1986)、《〈三礼〉汉读、异文及其古音系统》(1988)、《由甲骨刻辞多字结构说到多诸之音义及其民族与时地》(1999)等文。我曾细摩虞先生研究《三礼》一文数过,寻绎得虞氏音读异文三级分析模式如下:

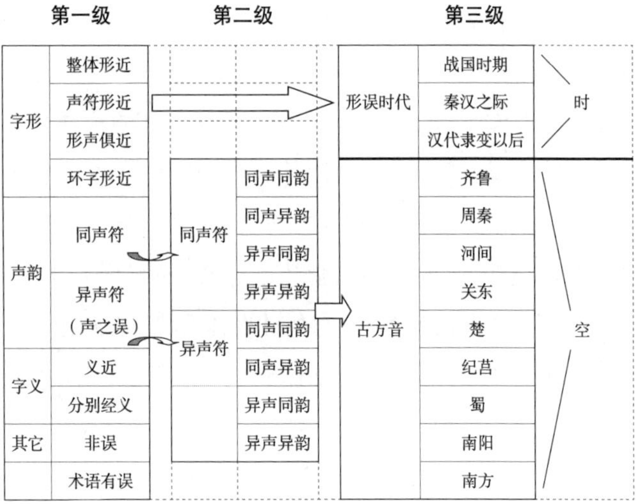

今番整理《缁衣》异文,虞先生同样拟在“以语音为纽带的流动系统”中离析方音之差异。如传本引《君雅》“资冬祁寒”之资,上博简 6、郭店简 10 均作“晋”,据

《说文》上方从銍，三字古韵分隶脂、真、质，阴阳入相转；又参诸《易释文》“晋，孟（喜）作齐”，声钮属精、从一系，与銍之章系有别，声韵二项均系齐鲁方音之典型特征，传本与简本分属齐鲁与荆楚二地，故钞本字形各异。又如传本“民是以亲失”之失，上博简 10、郭店简 18 均作“遊”，两者之关系众说纷纭，虞先生由与遊相近之达、从失之迭分属月、质部，提出“歌（月）、脂（质）二部在先秦楚方音中音值较为接近”的解释方案，恐较他说为近真。同理，传本“则民言不危行，而行不危言矣”之危，郭店简 31 作“陒”，裘锡圭云从禾声，禾声在歌部，而危惯隶支部，虞先生证诸“古歌部相当一部分字由于楚音系的影响，渐渐流入《广韵》的支部”，故“在楚音系地区，两谐声系字音值更近”，由此裘说理据充盈。

依照虞先生的研究思路，新《经典释文》当突破已有的形音义平面结构，将一形一音一义在时空立体坐标中逐一描画出其发展曲线，由此构筑起的基础平台将大大超迈清儒之视域，而成为其后秉持烛照经籍传衍、经史考辨、经旨探源诸重大问题，并能取得关键性创获之保证。正所谓“点滴汇聚，积沙成堆”，虞先生多年的辛勤积累必将熔铸新知。

二

虞先生对《缁衣》异文的梳理已催生出一片经学史研究的新天地，即对早期经籍传衍谱系作寻踪式探索，条理由战国简本至今传郑注本间之递嬗脉络。皮锡瑞《经学历史》以来，经学史研究已有的诸种路径，造成了对经籍本身传衍递迁之历史几成乏人问津之空档，尤其是对在传世本定型以前经籍传钞之源流脉络，认识极为粗浅。今地下出土资料大兴，考索经籍传衍谱系势必提上日程，虞著已然导夫先路，其真正的突破表现在第六章“《缁衣》简本与传本章次文字错简异同考征”。

经由简本与传本稍事比较即可得知，两者之差异不仅在文字形体殊异和局部衍夺倒乙，更有涉及章节及内容的大幅度调动、缺省，虞先生对此进行了详细排比。依其概括可知，立足于传本而言主要表现在三个方面：内容相类之章节整体挪动次序，个别章节单独挪移至别处，增益出三章。对此时贤已各抒己见，然各家“不是左袒，即是右袒，亦即不是遥承先秦旧本，便是出自后人增补或窜入”，结论极为简单，且均无法周延通贯。故虞著提出一种全新的解释方案：推测秦汉之际有一种简长一尺左右，每简12字上下（下限可至10字）之《缁衣》文本，后深藏中秘，韦丝散绝，简牍错乱，经礼家重新编次；但因共计23章中有14章（甚至16章）均从简首写起，故难以复原，只得根据“以类相从”原则重排，不意造成错简五组，增简三支，增改原句二简，脱简一支，详可参“传本所据之祖本简式演示图”（虞著第262—270页）。虞图至关紧要点在确定每简容12字，依此基准推排适得100支简，故不妨简称“虞氏百简图”。

百简图可使如下症结涣然冰释：（1）此图所排有14章从简首写起，即起自“子曰”，占全部23章一半强，由此造成汉代经师无法精确复原之可能；（2）此图恰好有13简又以引《诗》《书》起头，由此可充分解释连续错简五组何以均在《诗》《书》，脱简一支亦在引《诗》；（3）此图恰好可说明误增22字适占二支简，而与下一简又正好构成8字为韵之体。由此使当年礼家重编《缁衣》散牍之情状宛然历历在目。清初礼学家张尔岐（1612—1678）读礼经烂熟于心，曾有“仿佛戴弁垂绅从事乎其间”，眼见“周文郁郁，君子彬彬”之奇妙景象（《仪礼郑注句读》自序），虞先生摩挲《礼记》诸本，盖与张氏遥相心照。

然就逻辑方法上讲，虞氏百简图实际上是一种构拟法，与清代以来之考据实证法大异其趣。就学术史而言，构拟法用于古史研究大概肇端于古音学，瑞典汉学家高本汉（Bernhard Karlgren，1889—1978）开辟了由古韵分部走向音值音系构拟的时代，自高氏《中国音韵学研究》以来一个世纪，上古音系的各家建构已进入精密无间之境地，各成体系而牵一发动全身。因此，学界将进入 20 世纪誉为中国音韵学史上的“高本汉时代”（何九盈《中国现代语言学史》）。我以为，经学研究同样必须步入此时代。如果说据单条异文推证经籍流传，所得为雪泥鸿爪式的史迹片断，那么简式构拟所复现的则是经本传钞的整体格局，血肉与筋骨两相呼应，新经学之身躯便可趋于丰满。

当然必须认识到，简式构拟是在“无尽之推想和纷繁之客观”中寻求一种最为合理的假设方案，各家推拟很可能各成体系，如美国汉学家夏含夷（Edward L. Shanghnessy）《试论〈缁衣〉错简证据及其在〈礼记〉本〈缁衣〉编纂过程的原因和后果》（2004）即做过同样的工作。方案可信度之检验无疑当最大限度地与已知史实相印证，为此虞先生做了大量工作，比如其在 2003 年撰成的《郑玄所见三礼传本残阙错简衍夺考》长文（《中国经学》第 12 辑，2014），即是多年潜心汉代礼学之深厚积累，今又通盘考虑已出儒家简牍之尺寸、体式，以证明每简容 12 字之可能，后文又用大量篇幅证实战国《缁衣》各章章旨以及汉代经师礼学思想之流变，由此可说明其无法复原、造成错简之深层缘由。明乎此，便可知虞著忽焉笔触涉及郑国桓、武开国史，继而思虑西周国学礼乐六语之教授，终又细绎礼典爵制、服制之等第意蕴，等等，所谓“字面上似乎转求转远，脉络上却不得不尔”之用心所在。而抓住虞氏百简图为全书之机捩，各章之荦荦大端便可瞭然于心。

三

新经学无法回避的是历代沉积之公案谜题，今人若尚无力撬动此类大关节，则于经学史而言便无以忝入创新之列。职是之故，虞先生直面经史公案，竟几度深发千古之覆，遂使“圣经面纱”渐始揭开。今姑举其一端以窥全豹。

《毛诗·小雅·都人士》“是一首从小序到结构都使人疑窦丛生的诗篇”，此诗起生曲解之纠结在首章与后四章非徒内容不相关，且不入韵，三家诗更无首章。自唐宋以来学者多曲为毛诗作弥缝，自清季王先谦（1842—1917）始大胆发疑，后孙作云（1912—1978）等承王说，推测为错简，然终无以指证，故使人将信将疑。虞先生经对照出土简本引《诗》，揭橥此诗系由《彼都人士》和《都人士》（后四章）两诗绾合而成，首章当予以离析，与简本所引并为逸诗《彼都人士》，由此完满解决了这一问题，其自称为“破解传世文献中死案之又一次尝试”（虞著第505页），绝不为过。今析其理路可知，此正乃借助于上述异文疏证平台和简式构拟模型而水到渠成，经史研究端赖厚积薄发，益可明矣。

虞著第一步是考定郭店简17“出言有丨”之丨字当定为“人”，释作“仁”，与下句末字“信”均入真部，押韵。此字学界已出多种释读方案，或作“璋”（陈高志说），或作“川”（李零说），或作“针”（裘锡圭说），新近又见释作“梃”（周凤五说），然虞先生均未依从。其释“人（仁）”，不仅具有形体、音理依据（虞著第84—85、513—514页），且可与前文“子曰：上好仁”之仁的两种简本字形相照应（虞著第62—63页），更重要的是，《缁衣》此章衣、容、德、仁、信一贯而下，正可与第十一章所详细论证之“爵、服、德、行、容数位一体的先秦礼制”相印证，叙述与引《诗》其间文理密合。今传本此章引《诗》割裂此旨，由是破绽顿见。

第二步据虞氏百简图排列，可精密推定其致误之全过程：重编者当面临第36简残断或散佚时，据第35简尚存“诗云：其颂”等零星数字，误遂录《彼都人士》同诗之另一章，以足成《缁衣》引《诗》之体例，而所补一章六句为24字，又恰好与古本所佚者节引三句为12字成倍数，可对应于百简图之2支简位（36A、37简，参见虞著第502页新图式）。故重编者一时迷于表面体例之完整，而未能深察其间逻辑内涵之偏离，由此酿成大错。

第三步反推《毛诗》，其又因《缁衣》等文献引录此诗“彼都人士……”一章之结构与《三百篇》所传之《都人士》四章句式相近，字数相等，同以“彼都人士”出言，故取而弁于首章，绾合为一诗，同时还将《缁衣》引《诗》前之“子曰”文字揽入小序，由此可与三家诗争胜。而两者诗旨不相符，正是据以离析之切口，也是汉代经师有意

与虞万里先生合影（扶风法门寺，2007.8）

窜改经本之铁证，起古人于地下，恐亦惟有默许而汗颜。

走笔至此，不禁忆起十年前摩读虞先生《〈正续清经解〉编纂考》长文（1988，凤凰出版社2005年重印《清经解·清经解续编》以此文增订稿弁首），惊叹其为学之精勤笃实，当世罕有其匹，后知虞先生在1982年时即已“有两套不同版本的石印本《正续清经解》，平时翻阅，加上了密密麻麻的圈点”（杨蓉蓉《榆枋斋学术论集》编后记），屈指算来几近二十年，至今虞先生方出版其第一部专著。著中胜义纷披，卓见迭出，诸如其指出“战国晚期到秦汉间之《诗经》文字，是分化与统一双轨并行的过程”，“梅赜所上《尚书》在文字、篇次上有其独立不苟同的立场”，属“二次整理”，《缁衣》“是子思所辑书中的篇章”，其中引《诗》《书》则“更多的是子思门人、后学……逐渐补充以臻完善”，“真正成书、定型似应在……公元前 350 年前后”，等等，均批大隙，导大窾，直刺经学史之大瓠，其他覃思之精识、穷复之心迹无不随文闪现而掷地有声。流连于虞著前后数百处案语，沉潜于作者信手所拈上千种文献，我在数月间竟难以自拔。

清代经学之隆盛已逝，而三百六十年前，清初第一代经学家习礼所面对的是“读莫能通，旁无师友可以质问，偶于众中言及，或阻且笑之”（张尔岐《仪礼郑注句读》自序）的处境，然正是彼辈孜孜矻矻，发蒙振落，又踵武者连袂掘进，取精用弘，渐以铸就乾嘉经学之走向辉煌，绵延有清三百年。今世情形略胜清初，虞著或先声已发，尚祈吾人三复而致思。

2011 年春，清华园旧二十九号楼

刊于台湾《汉学研究》第 29 卷 4 期（2011.12）

封禅研究的两条路径

所谓“中国早期”，也就是中国文明的特征形成与根基奠定的时期。上海人民出版社曾从《李济文集》中选出中国上古史研究的经典论著六种，汇为一集，经李光谟提议书名定作《中国早期文明》，由此大致框定了一代中国考古学之父的学术领地。

关注中国早期，祭祀是无法绕开的学术山峦，登上一座山，就将别开一番生面；在祭祀的群山叠嶂中，封禅便是屹立其中的珠穆朗玛峰，登顶珠峰，始终是所有登山人挥之不去的毕生情结。我想就以这项国家最大的祭典为例，反观百余年来的研究成果，谈谈中国早期文史书写已然形成的两条康庄大道。

20 世纪以来的封禅研究，以法国著名汉学家沙畹（Édouard Chavannes，1865—1918）为第一人。1910 年，沙畹即著成泰山研究的专著——*LE T'AI CHAN*：*Essai de*

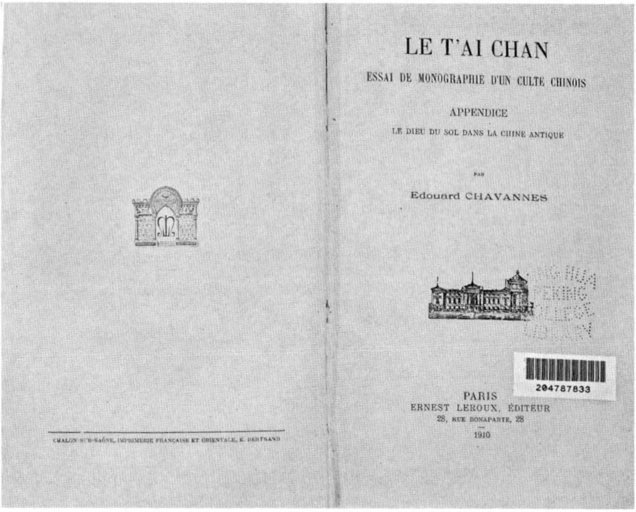

LE T'AI CHAN

ESSAI DE MONOGRAPHIE D'UN CULTE CHINOIS

APPENDICE

LE DIEU DU SOL DANS LA CHINE ANTIQUE

PAR

Edouard CHAVANNES

PARIS

ERNEST LEROUX, ÉDITEUR

28, RUE BONAPARTE, 28

1910

CHALON-SUR-SAÔNE, IMPRIMERIE FRANÇAISE ET ORIENTALE, E. BERTRAND

沙畹《泰山》扉页（1910 法文版，清华大学图书馆藏本）

Monographie D'un Culte Chinois，中译名可作《泰山：一种中国崇拜之专论》，有学者亦译作《泰山：中国的一种祭祀志稿》，2001 年东京勉诚出版社出版过菊地章太的日文选译本。沙畹研究泰山，最终的归宿就是研究封禅所蕴藉的中国人的精神世界，此书可以说是利用人类学实地调研的方法研究泰山祭祀的开创性著作，期待在沙畹逝世一百年后能有中译本问世。

沙畹的学术积累是从研读和翻译《史记》开始的，1890 年即在北京出版过《司马迁〈封禅书〉》的法文译注本。他选择《史记》的《封禅书》作为研究的起点，实际

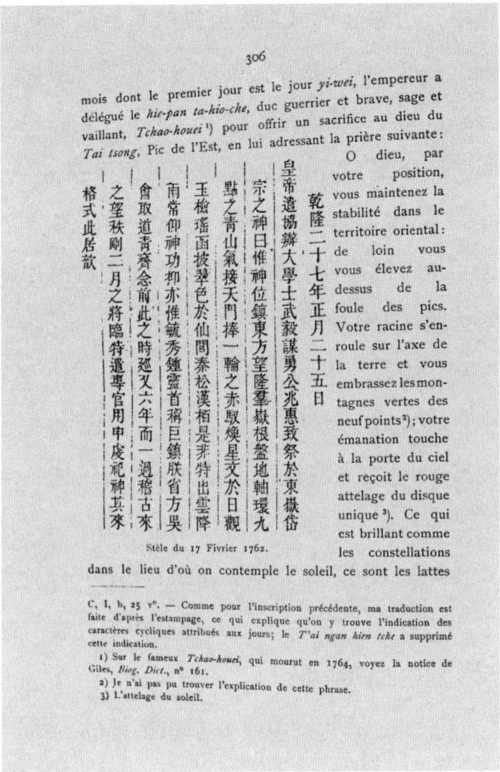
306

mois dont le premier jour est le jour *yi-wei*, l'empereur a délégué le *hie-pan ta-hio-che*, duc guerrier et brave, sage et vaillant, *Tchao-houei* [1]) pour offrir un sacrifice au dieu du *Tai tsong*, Pic de l'Est, en lui adressant la prière suivante:

乾隆二十七年正月二十五日
皇帝遣協辦大學士武毅謀勇公兆惠致祭於東嶽岱
宗之神曰惟神位鎮東方望隆羣嶽根盤地軸環九
點之青山氣接天門捧一輪之赤馭煥星文於日觀
玉檢瑤函披翠色於仙閭泰松漢栢是荞特出雲降
雨常仰神功抑亦惟毓秀鍾靈首稱巨鎮朕省方吳
會取道靑齊念前此之時廵又六年而一過稽古來
之望秩剛二月之將臨特遣專官用申虔祀神其來
格式此居歆

Stèle du 17 Fivrier 1762.

O dieu, par votre position, vous maintenez la stabilité dans le territoire oriental: de loin vous vous élevez au-dessus de la foule des pics. Votre racine s'enroule sur l'axe de la terre et vous embrassez les montagnes vertes des neuf points [2]); votre émanation touche à la porte du ciel et reçoit le rouge attelage du disque unique [3]). Ce qui est brillant comme les constellations dans le lieu d'où on contemple le soleil, ce sont les lattes

C, I, b, 25 v°. — Comme pour l'inscription précédente, ma traduction est faite d'après l'estampage, ce qui explique qu'on y trouve l'indication des caractères cycliques attribués aux jours; le *T'ai ngan hien tche* a supprimé cette indication.

1) Sur le fameux *Tchao-houei*, qui mourut en 1764, voyez la notice de Giles, *Biog. Dict.*, n° 161.

2) Je n'ai pas pu trouver l'explication de cette phrase.

3) L'attelage du soleil.

沙畹《泰山》内页

上确定了此后毕生学术道路的方向。在此书出版的次年，即 1891 年，沙畹登上泰山，开始以实地调研之法关注泰山上的各种古迹，收集大量地方文献与碑刻，并由此打开探寻中国古代祭礼的大门。1907 年夏天，沙畹与阿列克谢耶夫再度登临泰山，把泰山上所有有关祭祀的资料都收集了，法国远东学院院长戴仁（Jean-Pierre Drège）说，沙畹“有过两次登临泰山的经历并积累了资料，参考当地的方志，撰文详细谈论了祭祀、礼仪、祭品、民间信仰等事，同时还介绍了泰山的主要碑碣及摩崖铭文”（《沙畹与法国的中国碑铭学》）。《泰山》一书中有近四分之一篇幅是收录了沙畹拍摄到的60余幅实物和文献图片。正文最后所附录的《古代中国的社神》一文，如今已由邢克超等译为中文，收入中华书局出版的《沙畹汉学论著选译》（2014）中，此文是沙畹对于中国宗教思想的理论构建。在沙畹的视域中，“古老的社稷和宗庙……能见证一个民族最根深蒂固的信仰，表现劳动者最原始的情感”，“这种地方和家族崇拜是中国宗教思想最深刻的基础：社神和宗庙比任何东西都更接近本源”，而封禅泰山则代表了这种信仰在国家礼制层面的结晶。

沙畹之后，接踵研究泰山祭祀的，是毕业于清华大学研究院的孙作云，孙先生在闻一多教授指导下，由研究《九歌》入手进入庞大的国家礼乐制度、神话谱系，1940年完成《泰山礼俗研究》，上半部为《封禅考》，下半部为《禅让考》。孙先生大量采鉴了考古遗制中的祭坛资料，辽东半岛、朝鲜北部、山东半岛的新石器时代遗址均有涉及，诸如易州燕下都、龙口贝冢、平安南道的石泉山、黄海道的白川“撑石”，由此将封禅的起源，与新石器时代的“桌石坟”（Dolmen）联系起来，认为封禅、明堂、辟雍、宗庙等都是桌石坟礼祀的遗制：以三块以上的石为支石，上覆巨石，构造成桌形，此乃一种祀天礼仪的考古遗存。一源而众流，可见作为祭礼的封禅渊源有自，阮元当年懵懂地揣测辟雍与封禅“当是洪荒以前之大典礼，最古不可废者”（《阅问字堂集赠言》），他若能见到孙先生的论著，当拍案叫绝。

留学欧洲的人类学家凌纯声（1902—1981）延续了这一研究思路。凌先生在1929年获法国巴黎大学博士学位后，先后在历史语言研究所、中央大学、台湾大学和台湾“中央研究院”民族学研究所工作，如果说沙畹收集资料的新，主要集中在泰山及其周边的区域史史料，时段在近代，孙作云将资料的范围拓展到了整个山东半岛以及东北地区的考古新发现，时段在两千年以前；那么凌先生则将史料的收集在空间和时间上进一步打通、拓展，“在时间方面，起自新石器时代的初期，直延续到现代；空间方面，源于西亚的两河流域，东流经中亚而东亚，南下而至东南亚，东渡太平洋，远抵中南美洲而及北美”（《中国古代社之源流》，1964）。如今有收录在凌先生论文集《中国边疆民族与环太平洋文化》（联经出版事业公司，1979）第六部分“封禅与社”的十篇论作可见一斑。凌先生从台湾少数民族的宗庙与社稷开始考察，一条路径向上，直至秦汉、商周、新石器，一条路径向外，直至两河流域、埃及，在脉络上可证坛祀的方式具有一种时空的弥漫性与共通性。用他的学生李亦园的评论说，“凌纯声先生治学受欧陆文化史派人类学的影响，喜欢从大处着眼，尤其是来台以后，凌先生对东南亚、环太平洋文化史的研究，更是表现出他的那种宽广架构的文化史观”（《凌纯声先生的民族学》）。

孙、凌两位都是依托考古资料展开的研究，在20世纪的封禅研究历程上具有标志性意义。沿着这一路径在新世纪以来又取得一定推进的，可举复旦大学的青年学者邬可晶为例。邬先生2007年在浙江大学完成的硕士学位论文《先秦两汉封禅研究》（吴土法教授指导），则是利用出土资料研究封禅问题的代表。文章广泛利用古文字、甲骨文资料、青铜器资料，证实封禅在商周时期实际存在过的遗迹，受林沄对天王簋铭文新解（1993）的提示，邬先生考实当年周武王登封太室山（嵩山）就是铁证，天王簋的“王祀于天室”铭文吉光片羽，可以复原这一段失落的历史。利用出土资料进行研究的较新成果，当数2011年武汉大学杨华在《历史研究》上发表的《秦汉帝国的神权统一》一文，此文副标题“出土简帛与《封禅书》《郊祀志》的对比考察”已突显了其方法论，文章汇集较新出土的睡虎地秦简、侯马盟书、新蔡楚简、岳麓书院秦简、湘西里耶秦简、港中文藏简、天水放马滩秦简等简帛资料，考察山川神祇在地方上的衍生发展，秦并天下之后，确定了国家祭祀的基本格局，然而各地“民各自奉祠”，汉代对巫观“重新洗牌”，强力消弭各地巫术系统的地域性，汉武帝继续“去秦朝化”，逐渐实现了东西方神权的混一过程，也就是秦代的祭祀格局到了汉代逐渐消亡的过程，即去秦朝化的过程。这一历史过程是《史记》《汉书》中没有记载的，单纯依靠传世文献无法企及这一学术领域，这一实证的研究路数发挥出了简帛资料在构建巫术系统地域性色彩方面的显著优势。

封禅研究的这一条大道，对封禅的起源、成型、早期演进，直至秦汉以来固定为国家制度设计中的一环，进行了重新的构建，可以补足传世文献记载在这方面的严重缺环。诸如宋人章如愚所谓“古无封禅”（《群书考索》卷十四）、清人梁玉绳径称“三代以前无封禅，乃燕齐方士所伪造”（《史记志疑》卷十六）之类的妄说，由此可以休矣。然而，有一些问题却是这一路径的研究无法解决的，那就是封禅在国家制度设计上的用心与蕴意，封禅典礼作为国家顶层设计的法理依据是什么。对此，历史上确实有不少学者曾予以深刻质疑，比如隋唐之际的文中子王通就说封禅“徒以夸天下，其秦汉之侈心乎”，今人更是毫不客气地将封禅视作传统礼制的糟粕予以一笔抹杀，如礼学家陈戍国即称封禅“是宗教迷信自欺欺人的狂热”（《中国礼制史·秦汉卷》）。要知秦始皇、汉武帝直至宋真宗等历代帝王所施行的封禅礼是否合乎典制，是否妄行，是一回事；古人将封禅规定为一项国家制度，司马迁更是将《封禅书》列为构建国家制度大框架的“八书”之一，其在政治哲学上的合理性何在，是另一回事。只有在澄清了后者的基础上，才能进一步考察历代帝王实际所行之礼，是否合乎礼意，是否扭曲礼义，是否在不合时宜的时候做了不该做的事。

正式将封禅置于制度框架内进行探索，发端于清代儒宗阮元（1764—1849），完成于经学名家孙星衍（1753—1818）的《封禅论》（1808）。孙氏在独立研究辟雍、郊祀、明堂、宗庙、社稷等一系列祭礼之际，受了阮氏的启发，最终写出《封禅论》（收入《岱南阁集》），此文是继司马迁将《封禅书》列为《史记》八书之一，明确列为国家典章制度后，迄今所见对封禅的礼义进行专门解析最为成功的一篇学术论文。《封禅论》举出《孝经钩命决》，证明封禅的礼义核心在“巡狩考绩”，即为地方上评定业绩；同时，举证《尧典》《皋陶谟》，推论封禅之古源在“或命或讨，天子皆登名山，考其绩，积柴燔牲，告天以黜陟之”，即由天子登临到跟天最接近的泰山，来向上天汇报，其作为帝王所统治的这个国家如今治理到什么样子，有没有完成“天子”所赋予的治国理政职责。借助这一经一纬两条线索，孙星衍抽绎出了封禅作为典制的经学意旨，用今天的话说就叫作制度法理或政治哲学。孙氏此文的正式面世，是在金棨编纂的《泰山志》中，在此书所刊刻的 1808 年之后，至今两百余年的研究成果，在制度设计上的探索可以说基本上未超出《封禅论》的畛域。

比如南京大学徐兴无1993年完成的博士论文《谶纬文献与汉代文化构建》(周勋初、莫砺锋指导，正式出版在2003年)，认为“封禅说是对古巡狩礼的发挥与改造。……封禅为天下太平的隆祀，是巡狩礼的极至”，基本是孙星衍论证结构的一个升级版，增加了孙氏未用到的几部纬书，推论得更加完整，但在整体上未出孙星衍的理论框架。差不多同时，台湾大学的阮芝生，立足于《史记·封禅书》和司马相如《封禅书》，将此两篇文献看作是对汉武帝前往泰山的“尸谏”，从而试图概括封禅典礼在汉人视域中作为制度的意义(《三司马与汉武帝封禅》，1996)。阮先生的概括，一项是向天报功，一项是无辱使命，应该说同样在孙星衍的框架、结构和思路内。

孙作云在追溯封禅源于桌石坟的过程中，曾别出心裁地将封禅中受命告天的思想与尧舜禅让相挂钩，认为“古人在祭祀泰山之后，便举行一种政治会议，其中所讨论的要事之一，就是在大酋长耄老之时，选择下任的新酋长，此即尧舜禅让故事之所本”，因此“封禅祀典与禅让制度原为一事”(《泰山礼俗研究》下篇《禅让考》)。孙先生是在夏曾佑、郭沫若、钱穆、李玄伯等研究禅让问题的基础上，再大胆地往前推阐一大步，即“从封禅中‘受命’的意义，正可以很巧妙地而且很自然地就可以达到尧舜禅让的问题”，孙先生指出这就是封禅与禅让之间的“枢纽”。

蒙文通（1894—1968）将这一观点推向极致，将封禅的政治内核彻底界定为禅让，说“禅让说体现在礼制上就是封禅”，“封是受命之礼，是开始；禅是成功之礼，以传贤人，是结束”（《孔子和今文学》）。应该说，这一观点可以说明尧舜易代之所以称作禅让，正是为了获得天命的认可，然而恰恰不可以证明禅让在制度设计上就对等于易代。虽然《史记·封禅书》提及“孔子论述六艺，传略言易姓而王，封泰山禅乎梁父者七十余王”，三家注正是为了防止将“易姓而王”与“封泰山禅乎梁父”之间划上等号，故而在《封禅书》的篇题下张守节《正义》即引《五经通义》明确注出：“易姓而王，致太平，必封泰山，禅梁父。”孙、蒙二先生恰恰忽略了最为关键的“致太平”三字，由此将封禅与易代之际所行的“郊天”在礼义上等同起来了。蒙先生的观点在1940年发表的《儒家政治思想的发展》中已明确提出，在1961年发表的《孔子和今文学》中说得更为明白，很可能他并未参考过孙作云的文章，两者同是20世纪30年代禅让研究热影响下的产物。我将这一观点视作封禅制度意义研究上的一段插曲。

职是之故，直至21世纪对封禅礼义的思考仍然停留在19世纪初孙星衍所建构的理论大框架上，不过在徐兴无、阮芝生的著作中，封禅作为制度设计的政治学意义已经呼之欲出了。

立足于司马迁的《封禅书》，将其作为国家制度构成的八篇支撑性文献之一，可从政治哲学层面上予以再提炼、再升华。拙文《封禅礼的经学意旨》（2019）正是试图沿着这一路径继续往下掘进。从礼治模式上看，封禅作为追求治国臻于最高理想的仪式标志，是国家祭礼系统的顶点，不应该把它降格付诸实践，理应处于无限延宕的状态。其背后蕴入了国家治理的最高目标，即唐虞之治、成康之治的最高政治理想，后世帝王在现实中实际上是永远无法企及的。在司马迁“八书”的设计中，作为国家法意义上的封禅礼，是制度设计中的一个巅峰环节，主要的作用在引领、导向，秦始皇、汉武帝将封禅强行拉回现实中去实现它，将会引发儒生的激烈质疑和集体崩塌，自然会遭到司马迁的斥讽。司马迁在《封禅书》中所蕴入的思想，与封禅在六经中的古义一脉相承，并且他又接受了以《管子》为代表的齐地泰山封禅说，两者糅合起来构成司马迁的政治哲学。

由此反观中国早期历史书写的两条路径，以考古出土资料为主要分析对象和以传世文献为主要分析对象，在封禅的研究上形成了一个大分水岭。前者走向对封禅递进源流的精细化考证，可由新材料、新证据补传世文献记载过于粗略、局部失实的弊端，起到证经补史、拾遗补阙的作用，填充我们对先秦礼制演进脉络已有认识的缺环。后者走向对历史文本的多学科推阐与解读，目的是在当代的学术话语体系中重新审视古代礼制，试图抉发出古奥礼典的生命力与继周者“百世可知”的内驱力。

相较而言，古史新证式的三重证据法研究，虽然也不断利用考古学、人类学的成果，但基本范式是文史考证，期待的是往精度和深度上的不断掘进；经义重构式的制度推阐研究，虽然主要依据经史文本，但在方法论上则必然走出文史，大量依托当今社会科学的思路与范式，期待的是在广度延展和多棱镜面上的合理拓展。同样面对《史记》，前者必然走向《史记》质疑、纠误和证伪，经由疑古思潮的引爆，要谨防走向一地鸡毛式的先秦文史研究窘境，“走出疑古时代”的倡导已为出土文献的研究在理论和方法上敲响了警钟。后者的研读《史记》，是在推敲司马迁的用心，“八书”中正包含着司马迁的制度史设计原理，《河渠》重交通、《平准》重经济，为国家制度筑地基；《天官》《封禅》乃是政治权力如何架构的核心，是整体骨架的承重；《律书》《历书》是社会运行的具体规则和法条，是制度外在的形塑；《礼书》《乐书》则是为整套制度赋予活力的精神，是神采、风骨和气韵之所在，由此将开拓出一片全然不同于清代以前经史研究面貌的大空间。

哥伦比亚大学的李峰在《西周的政体》(2010)一书中文版自序中特别告诫中国史学界，“研究‘事实究竟怎样’的考证学是历史研究”的一个基础，但是“考证学并不等于历史学”；“历史学基本上是一门解释的学科”，“对于结构性理解的追求其实在更高的一个层次上也是对历史真实的追求，所不同的只是这后一种真实是包含了逻辑与原理的真实”，“这样的一种真实仅靠考证的办法是无法考出来的”。研究西周的政体固然如此，沿着司马迁《史记》“八书”，到班固《汉书》“十志”，直至杜佑《通典》以降“十通”所一脉相承的中国制度史构建的大脉络，应该说奠定了中华文明制度建设的根基，是“殷因于夏”“周因于殷”之百世不变的部分，是与20世纪以来西方传入中国的政法体系完全不同的一套中国自身几千年来形成的话语体系。

中国制度史的这一条主动脉，可与当今建设中国特色社会主义道路形成内在的连贯性，中华民族最基本的文化基因正蕴含在这一条大动脉中。如何激活其生命力，与当今社会科学的话语体系相接榫，是摆在中国早期历史书写研究者面前的世纪难题。

2020年10月31日北京师范大学（珠海）“出土文献与中国早期书写”研讨会发言，润饰定稿于12月1日

春秋史料的层次与边界

先秦史研究向以史料之罗织而别其精审之程度。史学家吕思勉（1884—1957）即认为“方法愈密，则其使用材料愈善”，此为“今之所谓科学者，与前此之学问”相异处（《先秦史》第二章）。而先秦史料中，尤以春秋一段最富争议，究其缘由，不外“史料不具或不确”之两大端（梁启超《中国历史研究法》）。今得中华书局新出春秋时代之两部史料集，览读而有所新思，爰识数语，俾以引发年轻学子深入研讨之兴味。

一部是已故史学家童书业（1908—1968）之遗作《春秋史料集》。童先生随顾颉刚（1893—1980）治学多年，20世纪30年代曾为顾先生编著《春秋史讲义》，后修订成专著《春秋史》，1946年由上海开明书店出版，这是研究春秋历史的奠基之作，滋养了几代学人。至60年代，童先生拟对此段史料重作系统的梳理，择录群籍，阐其功用，汇为一编，可惜此项工程尚未最终完成，先生即归道山。先生后半生的工作曾由其高弟黄永年、徐洪秀整理出《春秋左传考证》和《春秋左传札记》，由上海人民出版社合成一册《春秋左传研究》于1980年出版。但是，童先生晚年系统之研究思路始终未曾得见。今由其女童教英将先生晚年之手稿进行整理，辑校成《春秋史料集》问世（2008），终于使童先生之整体学术理念得到了充分的彰显，借此可知先生治学取资史料之来源与途径，堪慰治先秦史之学者多年之企盼。

另一部是王贵民、杨志清合著的《春秋会要》（2009）。会要之体创始于唐代的苏冕，之后代有所作，成为历代典章制度研究的必参史籍，上海古籍出版社曾出版过“历代会要丛书”可资参考。不过时代越往前溯，会要之编纂难度越大，长期以来一直以清人孙楷编，后经徐复订补的《秦会要》（1959）为时代最早的精品之作。清代虽已有姚彦渠《春秋会要》，但此书徒冠其名，不过是将《春秋》经传重加编类，“是以史法读《春秋》也”（清杨岘语），故《四库全书》列入经部春秋类，不入史部政书类。直至2005年，由史学家杨宽主持编纂的《战国会要》成书，将会要之触须真正伸向先秦，为历史学界所震惊。今王、杨二先生披荆斩棘，上得虎山，重编《春秋会要》，不啻深入虎穴之举，其开创之功毋需饶舌。

然而新编《春秋会要》虽晚出，却并未有机会参考到童先生之成果，据编著者前言落定于2003年仲春可知，此时已基本定稿，因此与近年新辑童先生之著作相比有很大的差异。今略依史料对于春秋史研究的重要程度为据，分为核心史料、必要史料和旁参史料三个层次，依次略作比对与讨论如下，并就二著史料的运用提出一些商兑意见。

览毕《会要》即可知，其所据核心史料确如前言所谓有四部：《春秋左传》《国语》《诗经》《论语》。此四部典籍包含在春秋时代的核心史料源内应该没有问题，童著《史料集》也同样在“拟编春秋史料集计划”中归入主要所用文献。问题的关键是春秋核心史料源是否还应囊括其他典籍，据童著可知，至少还当包括《易经》、今文《尚书》、《礼记·檀弓》篇三部分。而《会要》则除将《礼记》整体作为参照性史料（比正文低一格）外，未收入《易经》和《尚书》任何材料。

我认为童先生将《礼记·檀弓》篇作为春秋核心史料颇具卓识。此篇数举两周丧葬时事以发孔子及其弟子或再传弟子之议论，其中涉及的春秋人物不下六十人，重要的如鲁庄公、鲁哀公、鲁悼公、晋献公、晋文公、宋襄公、秦穆公、卫献公、滕成公、狐突、县贲父、卜国、季昭子、孟敬子、孟献子、南宫括、大宰嚭、季康子、公输般、季子皋、邾娄、司寇惠子、卫文子、子柳、子硕、公叔文子、蘧伯玉、叔孙武孙、陈庄子、公叔木、县子琐、后木、成子高、季武子、知悼子、柳庄、陈乾昔、仲遂……与《礼记》其他篇仅就仪节、礼义等入手作叙述完全不同，此篇记录了发生在这些人物身上的具体事件，故其史料价值当可与《国语》《论语》持平，而可与《左传》互补，证成春秋时代丧葬礼实施之实况。

核心史料之外，若只能确定史料之大致时段，无法考实其确切年代者，不妨归之为必要史料。此可以《礼记》其他各篇和《大戴礼记》最为典型，因为借此可基本建构出春秋时代制度的基本骨架，不可或缺。由此而言，先秦诸子中所涉及的史料与之基本相当，《会要》大量收录了《管子》《晏子春秋》《吕氏春秋》等，童著大量抄录了《墨子》（比较早出之篇）、《孟子》《荀子》《韩非子》《吕氏春秋》《楚辞》等，二著各有偏重，其实可以共参互足。尤其是《墨子》《韩非子》《吕氏春秋》三书，其中涉及的春秋史料异常丰富，《会要》收录《墨子》仅一条，《韩非子》仅二条，《吕览》仅六条，参诸童著，可见尚有较大的补充空间。此外，《会要》引录到《孟子·梁惠王下》“齐景公问于晏子”一条，以明春秋时嘉礼巡狩、述职之情状，此条明明可见于今本《孟子》，《会要》竟从《晏子春秋集释》附录转引，可见作者并未理会《孟子》全书。而童先生抄录《孟子》史料亦未及此条，又属遗漏。

童先生所提到的《易经》、今文《尚书》主要涉及西周史料，其价值实际上与《仪礼》《周礼》等相当。西周是有

在洛阳汉魏故城考古发掘工地（2016.10）

周典章制度建立、成型的关键时期，春秋时期虽产生了很大变异，但核心部分还是继承下来了，因此，欲明春秋制度，必须参诸西周制度，否则仅凭《左传》等所记载的变例是无法建构整体制度框架的。后世有些学者凭借史书所记若干变例，夸大成春秋时期制度的全貌，忽视两周内部的递承主流，恐于真相失之千里矣。因此，这些经部典籍可以作为春秋时期必要史料的第二个界面，同样值得研究春秋史的学者高度重视，从中抽绎出沿袭一贯的制度成分来。《会要》于这类典籍全部弃置，似乎有失允当。

汉代以后记录到春秋时代史事的文献可归为旁参史料。其中，各种文献的价值亦不尽一致，有些往往带有较大的争议，故而童著一概不予采纳。当然也有可能是因童著并未最终定稿，童先生收集史料尚未覆盖至此所致。西汉的《史记》《说苑》《淮南子》三书系参诸先秦史料编纂而成，作者必亲见早期原始资料，因此对春秋史研究分量亦颇重。刘操南曾撰有《史记春秋十二诸侯史事辑证》(1992)，将《史记》所涉春秋史事逐一予以梳理，证诸《左传》《国语》等一手资料，由此可见《史记》实录之性质无可质疑，今人治先秦史当加强采集之力度。而《孔子家语》一书便不可与此同日而语。《汉书·艺文志》所著录的《孔子家语》二十七卷本至汉末已有一定的散佚，后经三国魏王肃之手整理编辑，已大非其旧观。据高小方师研究，“今本正文是王肃杂采《论语》《左传》《孟子》《荀子》《大戴礼记》《礼记》《说苑》等书所载有关古代婚姻、丧葬、郊禘、庙祧等礼制和孔子的遗闻轶事，综合以成篇，王氏自为注”(《汉语史语料学》，2005)；今虽由出土文献可推知其所载史料并非凭空杜撰，但若已有《论语》《左传》等史料可采，则不需再叠证诸《孔子家语》。《会要》于此书采录甚多，有些条目甚至不低一格（如第107、110页等处），与《论语》《左传》等并列，无疑有待商榷。此外，《会要》尚零散引录了一些汉后之书，比如《后汉书》《续汉书》《列女传》《水经注》《越绝书》等（第529、530、620、636页等处），这些文献所载春秋史料的可信度较低，实际上可以弃之。作者可能是据明人董说的《七国考》和缪文远的《订补》等转引所及，但这些书今尚有传本，如果作进一步检阅可知，其中涉及的春秋人事又不止《会要》所摘录的这几条，故而依诸作者凡例所言“他如战国秦汉间论述春秋人事者，多系小说家言，非典要者，均不收录”，那么这些更当索性放弃了。

由上可知，春秋时期史料的层次与边界尚未趋于完全确定，各家的看法出入不小，因此，有些学者索性将西周春秋时期的史料合在一起，不分边界（王晖、贾俊侠《先秦秦汉史史料学》第四章“西周春秋时代”，2007），如此则未必有助于研究的深化。我认为春秋史料可分作以上三个层次，通过各类史事的细化比对疏证，是可以将各种史料的可信度排出高低的，史料的边界也可以基本确定，不知读者诸君以为然否。

2010年3月，清华园旧二十九号楼

刊于《书品》2010年第1辑

第二辑　经学时代

中古政治中的墨学因子

胡适（1891—1962）甫归国，即以《中国哲学史大纲》（1919）蜚声学坛，书中考论墨学流传云："当韩非之时，墨学还很盛。……韩非死于秦始皇十四年，当西历前二三三年。到司马迁做《史记》时，不过一百五十年，当时墨学早已消灭，所以《史记》中竟没有墨子的列传。"（第八篇"别墨"）此说影响至深，任继愈《墨子与墨家》（1998）亦云："墨家学派在先秦势力极大，与儒家并峙，汉以后，即趋于消沉，几乎从思想界消失。"墨学灭于汉，俨然成为主流。

胡适显然前有所承而夸饰之。检清人汪中（1744—1794）有言："自墨子没，其学离而为三，徒属充满天下。吕不韦再称钜子，韩非谓之显学，至楚、汉之际而微。孝武之世，犹有传者，见于司马谈所述。于后遂无闻焉。"（《述学·墨子序》）汪氏所谓"于后遂无闻"，所指是汉代

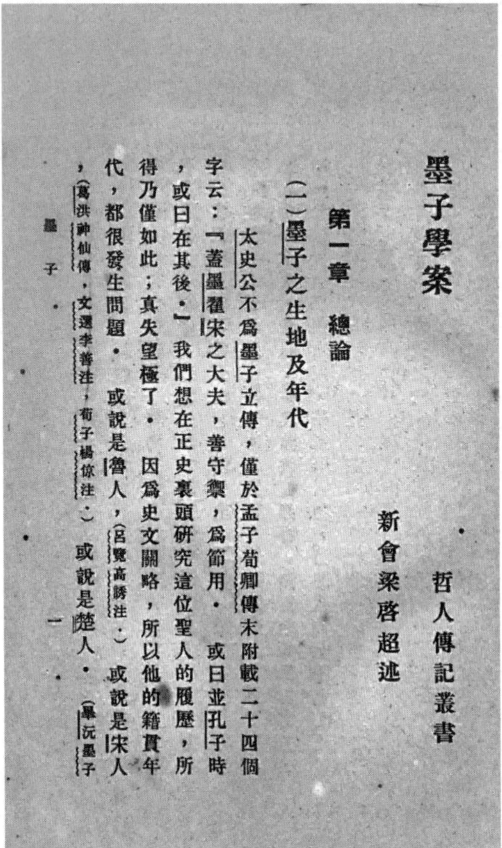

哲人傳記叢書

新會梁啓超述

墨子學案

第一章 總論

（一）墨子之生地及年代

太史公不爲墨子立傳，僅於孟子荀卿傳末附載二十四個字云：『蓋墨翟宋之大夫，善守禦，爲節用。或曰並孔子時，或曰在其後。』我們想在正史裏頭研究這位聖人的履歷，所得乃僅如此；真失望極了。因爲史文闕略，所以他的籍貫年代，都很發生問題。或說是魯人，（呂覽高誘注。）或說是宋人，（葛洪神仙傳，文選李善注，荀子楊倞注。）或說是楚人。（畢沅墨子

墨子 一

梁启超《墨子学案》内页

以后书籍中缺载墨学传承。孙诒让（1848—1908）稍发挥汪说，云“汉、晋以降，其学几绝”（《墨子间诂》自序）。至胡适则径直张大之，云司马迁时“墨学早已消灭”，实

属胆大妄言。

胡氏之说引起了梁启超（1873—1929）的不满，1920年冬，梁氏在清华学校讲“国学小史”，于墨学最具心得，翌年删订成《墨子学案》，由商务印书馆出版。梁氏自叙云：“……太息于秦汉以后墨学之中绝。及细思之，而有以知其未尽然也。凡一切众生所造之共业不共业，其种子必持续于后而永不灭，虽极微细之事相且有然，况墨学者，战国二百余年间，其言盈天下；而谓易代之后，遂如饕风卷叶，一扫无迹，天下宁有是理?”梁说虽未直接针对胡氏，然察其叹息之间，用心之独具可以见矣。可惜，其时的梁启超已然无暇湛心于此，故仅在自叙中独标“墨教之根本义，在肯牺牲自己”，由此“积久而成为国民性之一要素”云云，期待以此说明墨学未灭，显然疏阔而未能服人。

其后颇有学者期以抉发汉世以降之墨学蜕变，影响荦荦大者，如伍非百（1890—1965）、蒙文通、冯友兰（1895—1990）、金德建（1909—1996）等均是。更有学者以绝大之心力，探赜索隐，抉发魏晋之墨学因子。在民国年间留下雪泥鸿爪者，当数贺昌群（1903—1975），贺著《魏晋清谈思想初论》（1946）中指出：

> 汉晋间诸子学之重光，正所以促进其时代思想之解放也。……其时刑名墨家之学，亦盛极一时，散见于魏晋史传中者甚多，略举数例：管宁避地辽东，韬韫儒墨，潜化

滂流，畅于殊俗（《魏志·卷十一·本传》）。吴质《答曹植书》云：墨子回车，而质四年虽无德于民，式歌且舞，儒墨不同，固已久矣。《世说新语·排调篇》注引张敏集“头责秦子羽文”云：今子上不希道德，中不效儒墨，块然穷贱，守此愚惑。《晋书·卷九十四·鲁胜传》：元康（惠帝）中，胜尝注《墨辩》凡四篇。

对于贺举儒墨并称三例，唐长孺（1911—1994）不予认同，其云：“此时儒墨一辞仅是沿袭《庄子》中与道家相对的联称，当时除了鲁胜曾注意《墨辩》以外，墨学别无传人，并不足与儒、道、名、法四家争胜。”（《魏晋玄学之形成及其发展》，1953）唐说一出，竟无人置喙，似乎又回到了孙诒让“汉、晋以降，其学几绝”的旧辙（郑杰文《中国墨学通史》的结论是“魏晋至宋元1100余年间，墨学流传进入长久的低谷阶段”）。

直至2011年，方有楼劲撰文《魏晋墨学之流传及相关问题》重申贺昌群说，且展开初步论证，其结论为：“魏晋时期的墨学固然不如儒学、玄学之盛，却仍预于学术、思想界主流而流传甚广，影响甚大。”而且，此时期的墨学“兼及于庙堂之上的现实政治和社会下层的生活空间”。我一方面惊叹楼说之掷地有声，另一方面又于中古政治、社会之诸家著作中探赜索隐，期将能以接踵；适在汪洋恣肆而无所依傍之时，得睹孙英刚新著《神文时代：谶纬、术数与中古政治研究》(2014)，孙著凡十一章探寻谶纬、术数与中古政治之关系，其所谓“神文”者在我看来，不啻为墨学在汉唐间流衍之绝佳例证。今姑依托孙著，参酌前贤成说，拟将中古政治中所蕴之墨学因子略为揭橥，期待学界同仁展开进一步的研索。

追溯墨学之渊源，《庄子》曾称“非禹之道也，不足谓墨”(《天下》)，《淮南子》亦云墨子“背周道而用夏政”(《要略》)，故孙星衍断言“墨子与孔异者，其学出于夏礼”(《墨子注后叙》，《墨子间诂》附录)，伍非百更单刀直入：“墨子之学，远祖大禹。”(《墨子大义述》)其说深辟，墨学之政治学说，尤其堪称其主干的尚贤、尚同，确可见由夏禹之政衍伸而出。

第一，尚贤、尚同。

伍非百《墨子大义述》明确指出：“禹为开创中原平治水土之第一人，亦为会合诸侯、亲履万邦，而定一统之第一人。……兼爱尚同，禹实有之。节用非命，禹实行之。故能由一隅而扩至九州，由一人而抟合万邦，其坚苦卓越博大公平之精神，不特可以代表中夏，实足以仪型万类。”同样，“墨子远祖大禹，会万国，平九州，选天子，建诸侯，兼容并包，一视同仁，其不矜不伐，克勤克俭，务为万民兴利除害而后已，乃真华夏固有之宗教而禹域之旧学也。”因此，若有如此劳形焦思之人，应当使其脱颖而出为民长，直至三公、天子，不管其现有身份与等级如何。

在墨子看来，“古者圣王之为政，列德而尚贤，虽在农与工肆之人，有能则举之，高予之爵，重予之禄，任之以事，断予之令。”（《尚贤上》）在这个意义上，萧公权（1897—1981）赞誉墨子“于封建末世之旧制度中寓机会平等之新原则”（《中国政治思想史》第四章“墨子”），可谓洞识。当国家贤能政治确立之后，则“上之所是必皆是之，所非必皆非之”（《尚同上》），由此化除个体之私利，归心于中央集权的政治体制，使天子位居社会政治秩序的中枢地位。

墨家学说铸就了中古以来“王侯将相宁有种乎”（《史记·陈涉世家》）、“彼可取而代也”（《项羽本纪》）的思想大变动，由此导致的直接后果就是群雄逐鹿中原，政权代易频仍。成者为王的改朝换代者，往往采取“禅让”的方式冠冕堂皇地登上天子宝座，自王莽建新而下，曹魏、西晋、南朝四代、北齐、北周，直至隋、唐立国，无不如是。而这禅让学说的源头，依顾颉刚研究，恰恰起于墨家所创造的尧舜禅让故事（《禅让传说起于墨家考》，1936）。墨家由尚贤推导出来的禅让学说，是中国政治史上一大创举。近来，以色列学者尤锐（Yuri Pines）给予高度评价，认为这是在世袭君主制之外，提出了“一种权利非世袭传承的新理念，即将王位禅让给合格的候选人”，通过这一方式，“君主的选择并不是随意的，而是基于其已经得到证明的能力”，墨家的天子人选，“似乎有公共选举产生的意味”（《展望永恒帝国》，2013）。更为重要的是，这一学说深刻影响到汉唐易代之际君主权力获取的路径选择。可以说，这一学说的提出在墨家，付诸实践则恰恰在汉魏以降。

与此相对应的，必然就是“君主不但应该是最有能力的，而且要是天下最‘仁’者”，权力之所以“集中于天子一人”（即尚同），因为他是“人民的道德楷模和统一伦理的源头”，他“必须是德才超群之人，而且他对道德的遵守由上天的监督所保障”（尤锐《展望永恒帝国》）。果不其然，孙英刚在《宋书·符瑞上》中看到的也是君主被称为“圣”或“圣人”，“中古时代的中国君主，不但是世俗政治的领袖，而且是道德和精神世界的导师，从性质上说，是一种神（圣）王”（《神文时代》，第31页）。条理出这一层思想渊源，也就不难理解君主在权力获取以后，何以亟需完成其合法性地位的逻辑证成，即证明其“不但是世俗世界的统治者，还是最高的祭司、上天的儿子”，“是人民和神圣界（上天、上帝、神）之间的中介”（《神文时代》，第9页），一句话，获得天命的认可。神文时代的思想胚胎，可谓植根于墨家学说。

第二，爱利、大同。

墨子是典型的实利主义者，主张“兼相爱，交相利”（《兼爱中》），“天必欲人之相爱相利”（《法仪》）。由兼爱交利，君民抟合一心，必将推向全体公利的最大化，由此导向大同的理想，也就是墨子所谓的“爱利百姓”（《鲁问》）、“爱利万民”（《尚贤中》），以求达到“刑政治，万民和，国家富，财用足，百姓皆得暖衣饱食，便宁无忧”（《天志中》）的佳境。伍非百曾深刻地指出，《礼记》的“大同”学说“实则墨子之说”，“与墨子书不但意义多符，即文句亦无甚远”（伍非百《墨子大义述》），此后蔡尚思（《大同主义不出于儒家考》，《中国传统思想总批判》，1950）、金德建（《〈礼运〉与墨家思想的关系》，《先秦诸子杂考》，1982）等又添了不少新证，可为墨学存于汉、融于儒的铁证。

大同学说兴起以后，成为中古君王们撑持的一面大旗。带领国家步入太平盛世成为统治的终极目标，即使难以企及，也要设法营造认知环境，期能信以为真。《神文时代》专辟一章来论证“由宗教精英或者神灵转告的形式确立自己‘太平’君主的地位，是一种比较常见的构建和巩固统治合法性的方式”（第125页），适可见墨学影响之深远。在中古时代，“太平之君”“太平之主”“太平将军”等称号自西汉后期甘忠可写就《包元太平经》，一度成为吹擂的主流。甚至到了唐初，何以谓之太平，已然有了明确定义，如李延寿的“积储九稔”、颜师古的“二十七岁遗九年食”；而伴随着三登太平的，便是祥瑞毕至、星相反映等符瑞的出现。前者往往等不及，后者便人为地搬上历史舞台，塑造一个意识形态的大同盛世。由此“‘景云’为大瑞，是太平之征，故（唐）睿宗改年号为‘景云’，乃暗含自己开始的统治是一个全新的时代之意”（第118页），如此等等均不难理解。

第三，明堂。

《汉书·艺文志》言墨家“出于清庙之守”，陈钟凡（1888—1982）的解释是：“清庙，与明堂、太庙同实异名。”进而引《大戴礼记·盛德》“明堂，天法也，礼度，德法也，所以御民之嗜欲好恶，以慎天法”，以明墨子十教“要本诸明堂天法以发挥而光大之”（《诸子通谊·述墨》，1925）。依此，明堂是天子秉天明德、宣明政教的礼仪象征，在此空间中一来可彰明天佑圣德，二来可标示选贤以治邦，其制其义出自墨家。如今记载在二戴《礼记》中的明堂之制，据蒙文通研究，同样是“秦、汉之儒，取于墨家之迹”，蒙先生力证“凡儒者言禅让、言封禅、言议政、言选举学校，莫不归本于明堂，其为本墨家以为说”（《儒家政治思想之发展》，1940），可谓眼光独到。

汉代以来，王莽为给自己篡位增加合法化因素，于长安兴建明堂，一来表明上天可鉴政教清明，二来为作出招贤纳士的冠冕模样。此后，历代均有明堂的修建，一直到武则天垂拱四年（688）建成的明堂，同样是一座“极具政治纪念碑性质的礼制建筑”，“是武则天上符天命的重要证据”。如果一旦明堂失火，其负面的意义也就不容小觑，695 年的一场“明堂大火可以说是武则天面对的最大的一场政治危机”（《神文时代》，第 263、278 页）。因此，分析这场大火的应对措施，便具有思想史的重要意义。孙英刚注意到，“明堂大火之后，武则天明显从佛教转向本土意识，往华夏传统复归”，甚至“取消沿用七年之久的‘金轮’帝号——也就是佛教转轮王”（第 281、282 页）；同时，重建明堂，自然也就不在后面加设佛堂，而是在庭中安置九鼎。“九鼎是带有强烈儒家政治纪念碑性的礼器”，孙著指出，“武则天急于巩固自己的统治合法性，因此采用了铸九鼎的方法”。要知，九鼎作为象征国家权力的传国之宝，同样源出夏禹之制。《史记 · 武帝本纪》明确记载“禹收九牧之金，铸九鼎，象九州”，巫鸿进一步指出：“作为一个集合性的‘纪念碑’，九鼎的主要作用是纪念中国古代最重要的政治事件——夏代的建立。”（《九鼎传说与中国古代美术中的“纪念碑性”》，1995）那么，武则天以九鼎冲明堂大火，以夏补夏，甚得其宜，究其内在的知识逻辑，不可谓墨家之影响在唐已灭绝。

第四，天志、明鬼。

墨子学说之源泉在于尊天，梁启超《子墨子学说》云：“墨子常以天为其学说最高之标准者也，故不知天，无以学墨子。”用墨子自己的话说，就是“当天意而不可不顺”，“顺天意而得赏”，“反天意而得罚”（《天志上》），用之以治国，就是“鬼神之能赏贤如罚暴也，盖本施之国家，施之万民”，其信仰所在，“鬼神之明，不可为幽闲广泽、山林深谷，鬼神之明必知之”（《明鬼下》）。这与汉代以来的符瑞、灾异之说可谓气脉相通，孙著多次引录《礼记 · 中庸》“国家将兴，必有祯祥；国家将亡，必有妖孽”之语，恐怕同样是墨融于儒的杰作，难怪蒙文通要说“墨者亦道符瑞”（《周秦民族与思想》，1938）。

《神文时代》的宗旨在于抉发中古时期“万事万物皆可出现灾祥，天文、云气、光象、禽兽、草木、山川、器物、历法无所不包”，而这些“异象的出现，是神圣力量干涉的结果，是由于超自然力量或者规律的介入和操作”。通过外象的分析，一步可直入中古政治人事的实践层面，再一步便打开了中古中国人的信仰世界：“异象是上天对人类世界好恶评价的反应——多数情况下是基于对‘天子’履行自己承诺的反应”，“祥瑞是对君主统治的肯定，而灾异则是严厉的警告”（第18—19页）。如何如墨子所说“顺天意而得赏”，“反天意而得罚”，自然世界的祥瑞和灾异，便是“上天对世间君主天命考察的评判”；那么反其道而行之，同样可以“利用祥瑞和灾异进行政治操作，是中古政治的一大特色”（第246页）。孙著十一章考论精博，其情其景让人历历在目，此其杰出的学术贡献所在。

孙著从中古的“知识、信仰世界里”，从“最为严密，也最为大众崇信的逻辑”中深邃地把握住了“统治合法性的基础，归结于天——超乎人类世界之上的、代表最高和必然趋势的力量”；甚而至于已经意识到，“‘天’的概念被融入儒家思想，是儒学思想在汉代发展的结果”，“这正是儒家学说纳入其他知识成分，拓展自身生命力的体现”（第4—5页）。殊不知，这些其他知识成分，相当一部分来源自墨家，用顾颉刚的话说，“就是墨家的血液在儒家的筋肉里所起的作用”（《禅让传说起于墨家考》）。

以宗教的标准言，道、佛之前，恐怕唯有墨家。此为胡适研究诸子的卓识，其云“墨子是一个创教的教主”，“他又是一个很有宗教根性的人”，“哲学家的墨子便变成墨教的教主”（《中国哲学史大纲》第六篇“墨子”），均发前人所未发。然而，此后的道、佛与墨家联系何在？道、佛在中国传播之速、影响之深，是否与墨家有关？孙著留意到，“今文经学、谶纬、方士传统和道教，共同构建了一个‘太平’的政治理想，并将之变成主流的意识形态”；而翻译佛经的菩提流志“能够将有强烈祥瑞色彩的内容恰当地融入佛典，并且利用佛典化解本土阴阳灾异说”（第110、309页），应该说已指向墨学对道、佛在中国的传播具有深层影响。

其实在此之前，章太炎（1869—1936）早就指出：“墨家至汉不传……其尊天敬鬼之义，散在黄巾道士。”（《菿汉昌言·连言一》）此后王明（《从墨子到〈太平经〉思想的演变》，1961）、徐兴无（《谶纬文献与汉代文化构建》，2003）等颇承其说，如徐先生云：“墨家组织严密，内行私法，尚同平均，故秦汉之间已流为犯禁武侠，至东汉末季，又流为创教始祖。汉末道教之起，本非纯粹的宗教运动，而是民间政治运动，这符合墨家的性格。”近来楼劲（《魏晋墨学之流传及相关问题》）又申此说，甚且举出佛家名著《高僧传》中所载“沙门读《墨》”之证，可见道、佛在中土能扎根于普罗大众，受惠于墨学既深且远。相关史迹尚待再开拓。

留待学术史的疑惑更在于，墨家究竟如何与道、佛建立起联系，从而深刻影响到中古的信仰世界。孙著已揭示出中间存在的过渡阶段：“公元前 3—2 世纪，当时阴阳五行的宇宙学说，以其复杂而精密的优势，已经在人们的心灵世界占据主导地位”（第 4 页）。然而如果我们不曾忽略，顾颉刚早就发现阴阳家的鼻祖“邹衍的话又是从墨家来的”（《禅让传说起于墨家考》），蒙文通亦云“阴阳家牵于禁忌，泥于小数，舍人事而任鬼神，此墨与阴阳之所同也”（《周秦民族与思想》），恐怕也就不难明白，面对这个“绵延近千年的儒家的神学主义时代”（孙英刚语），如果离开墨学，条理不清其与阴阳—符瑞—谶纬—神文之间的脉络，笼而统之地归并到儒学这顶大帽子之下，思想史还将继续留存一段空白。

2014 年 8 月完稿，2015 年 1 月修订

长时段经学史倡议书

圣经学家史贝塞（E.A. Speiser，1902—1965）告诉我们："好译本着实比原著精彩，因为译文保留了原文遗漏的东西。"（转引自冯象《美极了，珍珠》,《以赛亚之歌》，2017）由此为我长年以来偷懒不想读外文原著，找到了一条理由。什么是"遗漏的东西"，冯象解释说，就是"文本的知识背景、思想境界、受众心理之类，亦即译家为读者 / 听众'再造之原意'的总和"，说得通俗一点，就是原著为母语国家读者所写，译著则是为了译文国家读者所译，译者已经承担了原著与译文国读者之间隔膜的疏通工作。而作为我，译著能让我更好地调用本国文化传统，进行自由的思想驰骋。

近期置于案头的是如下两部新译著，一部是 Jo Guldi 和 David Armitage 两位美国教授合著的 *The History Manifesto*，由孙岳译自英文原著（《历史学宣言》，2017），另一部是日本十多位老辈学者的论著合编《秦汉魏晋南北朝经籍考》（2017），由多位中国青年文史学人分头译自日文原著。前者属于史学叙事学理论，兼涉环境史、全球治理，后者属于经史文献，兼及汉魏六朝思想、诠释学，两者基本上没有交集，分隶于两个不同的读者群。然而因缘凑巧，两书的中译本几乎同时汇聚到我的案头，左手翻阅前者，右手披览后者，我的脑海为两者的融汇提供了绝好的平台。

一、长时段

《历史学宣言》的两位作者希望史学研究能够走出当下微观史考索的短期主义危机，回归长时段叙事传统。所谓短期，就是“研究视野仅在5年至50年之间，也就是说差不多是生物学意义上一个人的成年期”（第8页），那么秦汉魏晋南北朝从公元前221年至公元581年，历时逾八百年，完全具备构成“长时段”的条件。《宣言》所要弹射的箭靶是“从20世纪70年代末起，从社会史到思想史，史学各个分支差不多同时堕入了短期历史研究的模式”（第55页），其典型的特征是：“能够大量利用原始文献简直成了史学家修成正果不可或缺的律条，被认为是熟知方法论、高深理论、史学背景、通晓史料的专业的主要标志之一。尤其是能够利用迄今尚未被挖掘史料的人，更被认为是学富五车完全具备分析解读历史文献的能力，能够填补其中的空白，而根本不问文献本身是多么的无足轻重或其作者的背景是多么的复杂不清。”（第 51 页）就如今秦汉魏晋南北朝已刊的文史类论文来看，不管是哪个时点、哪个方向，研究者确实纷纷“转变成为档案材料的收集者和研读者”，“论文里都是枯燥至极的事实的罗列”，因为“足够琐碎”从而实现了“周到谨慎”，完成了提出问题、解决问题的套路。这种“过度的专业化造成了史学研究的碎片化”，正如史学家贝林（Bernard Bailyn）所揭示出来的那样：“历史研究同时期朝一百个方向长出分枝，而彼此之间根本没有任何协调。……想要实现整体的综合，哪怕是有限的某些地区，都是完全不可能的。”（第 59—60 页）由此造成的直接结果便是所谓的“专业崇拜”，也就是中国人经常说的隔行如隔山，史学研究的论著最终连同在一个学院的其他史学教授都感叹无法读懂（或许是不忍卒读），于是也便难以评价，同行评审越来越遭遇障碍，于是衡量论文的水平便直接诉诸于所刊发期刊的知名度以及影响因子。如果论文未曾刊发，便只能计成果为零。更进一步导致的便是，“学院史学家写出的专著越来越多，而读这些专著的人却越来越少”，甚至一篇博士论文除了导师和四五个评审专家之外，再没有人自愿阅读。那么奢望史学界之外其他领域的读者会去阅读，简直如同白日做梦了，因此“专业化导致了边缘化，因为历史学家很快便与非专业的读者失去了联系”（第 60 页）。边缘化引发的更为严重的问题是“史学的大趋势是整体陷入了道德危机，史学家的视野纷纷向内转，而不再关注全球问题”，甚而至于“索性提出史学根本无所谓实用价值的主张，认为史学家类似身居高塔的天文学家，与现实政治和经济发展毫无关联”（第 97 页）。这种由碎片化而专业化，进而导向边缘化，导向无用论的“躲进小楼”式的研究模式，四十年来弥满于西方史学界的各个角落。非仅西方史学如此，秦汉魏晋南北朝史何尝不在沦陷之列。

而沦陷的重灾区则又在经学史。《秦汉魏晋南北朝经籍考》收入京都大学池田秀三演讲稿一篇，文中明确区分经学研究与经书文献学研究，“目前的经学研究大部分都是文献学研究，而本来意义上的经学研究尤为稀少”（第 47 页）。池田先生所谓的经学研究，指的是经学的思想研究，相当于《宣言》所谓的长时段、大问题的研究，而所谓的经书文献学研究，也就相当于短期微观史研究，同样走向了史学即是史料学的研究范式。池田先生在看到日本汉学界迸发出经学缺乏思想价值的论断之时，内心的震动如排山倒海般涌来：“说经学没有思想价值！岂有如此荒唐透顶的事！经学才是中国思想的根干，若无经学，中国思想不可能得以发展！我的惊愕不久变成了愤慨。同时，我萌生了一个念头，今后要有意识地研究经学。”（第 48 页）其实日本汉学界如此，中国史学界又何尝不是如此。池田先生的这次演讲在 2011 年台北，正式刊发则在 2014 年桂林，既可以看作是他本人晚年学术思想转折的一大标志，也为中日两国的经学史迈向长时段吹响了号角。2014 年，恰好又是《宣言》英文版于网络正式公开的那一年。

我之所以称经史研究为重灾区，更是考虑到其积重难返的程度可能远远超过史学其他领域。因为早在 1926 年，著名经学史家周予同已明确界定了经学研究的方法论："经是可以研究的，但是绝对不可以迷恋的；经是可以让国内最少数的学者去研究，好像医学者检查粪便，化学者化验尿素一样。"（《僵尸的出祟》，1926）由此经学研究走向科学解剖，所采用的是一种隔离式的实证分析法，与检查粪便、化验尿素构成区别的无非是检查、化验的对象换成了史料、书籍、字词而已。我在十年前笃信这一研究法的科学价值，故毫不迟疑地将博士论文题目定为《〈仪礼〉汉本异文构成分析》（2007），所谓"构成分析"其实隐含着一种科学方法的自我期许。依照我的感受，周先生此说笼罩中国经学史已逾九十年，远远超过《宣言》说的西方史学受殃四十年。时至今日，真要返回池田秀三所谓的"在《周礼》为'周公致天下太平之迹'这一信仰或原则之下所进行的研究才是礼学，而根植于近代精神的研究从一开始便不具备这种信仰，严格而言并不是礼学"（《经籍考》，第 47 页），几乎成为一种奢望。

更进一步讲，经史研究的这一模式其实早在周予同之前就已大成气候了。20 世纪初，梁启超即呼唤一种"新史学”的诞生，要与此前之旧史学决裂：“凡著书贵宗旨，作史者将为若干之陈死人作纪念碑耶？为若干之过去事作歌舞剧耶？殆非也。”“故汗牛充栋之史书，皆如蜡人院之偶像，毫无生气，读之徒费脑力，是中国之史，非益民智之具，而耗民智之具也。”（《新史学》，1902）可见当时旧史学之风盛。钱穆则更向前跨进一步，将问题对准了18世纪的乾嘉之学，认为所谓朴学“一趋训詁考订，以古书为消遣神明之林囿”，其精气已与宋明以来有志经世的经史传统“夐绝”，故当年在北大讲授《中国近三百年学术史》（1931）时，刻意避去段玉裁、钱大昕、王念孙、王引之等乾嘉朴学巅峰人物，由此形成钱氏的鲜明学术风格而毁誉矢集之。钱先生虽刻意与梁启超立异，然其此举的目的实与梁氏同声相应，旨在要与这样一种学术风气相隔断：“清代两百六十八年的所谓‘汉学家’们，几乎全在经书的训诂、章句、校勘、辑逸等种种工作上着眼，把大半精力却花在‘纸片’上，逐字逐句，而他们所讲的经学则是在已残阙中，由他们来搜索整理。他们自称曰‘钩沉’‘稽古’，但他们所得只是一种纸片经学，也可说是一种‘死经学’。”（《中国史学名著》，1972）所谓的“死经学”，也就是梁启超所说的“陈死人”“蜡人院”，也就是“检查粪便”“化验尿素”的结果，也就是池田秀三所痛心疾首的“说经学没有思想价值”。美国史学家诺维克（Peter Novick）所形容的更让人心惊，他说碎片化时代“仿佛‘以色列中没有王’的状态”（《宣言》，第 60 页）。从池田秀三到梁启超到钱穆，将这种风气在东方大地上的流衍，一步步追踪到了三百年前那辉煌烂漫的乾嘉时代，其间虽屡有反省，亦间有佳构，然大势至今未能扭转，且日益没落，日益锈蚀，此之谓积重难返。

没落到今日，中西方几乎同时探了底："人文学科陷入重重危机，修习历史的学生人数不断下降……而院系内部对自身学科的价值却愈发地缺少自信，只好冷眼静观相邻学科的教室学生爆满、受人追捧、对公众发生更大的影响。"（《宣言》，第 8 页）相邻的热门学科是什么？——"经济学家便乘虚而入"，"建模成了时尚，博弈论日盛，所以更多的人在谈论理性行为者"（第 96—97 页）。中国如今的大学建置，人文类学科的招生规模与经济管理、计算机 IT 等专业相比，恐怕不足人家一个零头；而人文院系之内，历史一般都更为冷落，很多大学都索性不设历史系。而更令人羞于启齿的，则是经学一科的失踪，当年位居四部之首的经学，如今已没有专业的设置，只能在文史哲三系的罅隙中求得一丝苟延残喘的机会。

谈到这里便可明白，何以当我读到《宣言》时（其实我此前已在网络上浏览过此书的英文版），面对经史学如今惨淡冷落的现状，一种按捺不住、坐卧不宁的激动之情充斥在我的血脉肌肤中。来自大洋彼岸的呼声，"史学家绝不止是课堂上的教员，他们还将为立法委员会提供数据分

故乡“茹经堂”外景（2020.1）

析，为社会活动家组织活动提供建议，为在硅谷开业的公司提供咨询，从此将找回史学家传统以来的公共角色，而且理直气壮、志在必得”（第137页），让我想起近一百年前，交大的老校长唐文治（1865—1954）于太湖之滨创办无锡国学专修馆，所定下的学规：“凡士人通经学、理学而能通于政治者，谓之有用，谓之通人，不能达于政治者，谓之无用，谓之迂士。”（《无锡国学专修馆学规》，1920，《茹经堂文集》卷二）唐先生视域中的“政治学”，外交、财政、军政、刑政、选举、教育、工政、商政无所不包，治国理政之荦荦大者，均可成为通经之士致用的出口，这是何等的“理直气壮、志在必得”！史学家与经学家，应该成为我们这个时代的主流，成为“公共角色”，要是美国这两位学者见到了唐先生当年的办学理念，一定会惊叹得拍案叫绝。

《经籍考》所收的另一位日本经学家，广岛大学教授野间文史，对经学曾下过如下的定义：“经学乃中国古典中之古典，是中国具有顶尖头脑的人，横亘二千年，长久以来倾其精神魂魄而完成的结晶。因此，若不触及经学，我们恐怕也无法理解中国人的思维。所以我以为中国思想之根本乃在经学。而中国的顶尖头脑倾其精力所从事的学问，毕竟就是经学。”（《从〈五经正义〉到〈十三经注疏〉》，《中国文哲研究通讯》第16卷第2期，2006）这是我至今看到的最令人心潮澎湃的经学定义！如今的经学史研究如果不能将“中国思想之根本乃在经学”这个问题论说清楚，如何向已经逝去的一代又一代“中国具有顶尖头脑的人”交待？而向着这一方向勇猛前行的路，很快将与西方史学已然在开拓的“修复断裂的长时段叙事传统”合辙，“我们要为学者寻找新的领袖，引领学者严厉苛刻地分析拷问整个人类历史经验和制度建构文献数据”（《宣言》，第82、

135 页），这也是经史学在中国最为康庄的大道。

“我们亟须拓宽视野，拥抱长时段，而这些只有史学家能够提供”（《宣言》，第 155 页），我们同样相信，长时段经学史的出现，已然为时不远，已然破冰在即。下面举二三例谈谈我的感受。

二、经学时代

经学的思想史，是池田秀三期待开拓的学术领域，然而他寄望于年轻一代的，是由训诂、名物之学以研究经学思想，从“名物度数的考证与仪节细微处的繁琐议论”来“窥探圣人制作之精意”（《经籍考》，第 50 页）。说心里话，我认为这条路很难走得通。在《仪礼正义》和《周礼正义》之后，民国年间章太炎、吴承仕（1884—1939）等人已尝试作过一些开拓，台湾孔德成（1920—2008）主持的“仪礼复原研究丛刊”承之，章黄的再传弟子辈如洪诚（1910—1980）、钱玄（1901—1999）等亦传之未绝，至武汉大学宗福邦等主编的《故训汇纂》（2003）集其大成，可惜终究未能走上借此以开发思想的路。因此，说这条路“构成了经学不可或缺的一部分”是可以的，但毕竟属于边锋，难以汇成主流，而且稍不留神便会跌入乾嘉之学的窠臼。

不过，池田先生还提到，“历代作为经学的思想（史）研究……大多都是围绕着政治、社会思想的层面”，“提到礼学领域的思想（史）研究，同样总是集中在郑玄与王肃之礼说的政治意义及现实制度的相关问题上”（《经籍考》，第49页），我认为这恰恰可以构成长时段经学史的重要课题之一，这个课题非但不是“容易着手研究的题材”，而且完全没有得到应有的拓展与壮大，对经书义蕴与现实制度之间关系的认识长期以来一直处于断裂状态，研究至今较为空白。

这个课题大概是由冯友兰于20世纪20年代开拓出来的。1926年初，冯先生出任燕京大学教授，1928年转任清华大学哲学系教授，在两校均讲授“中国哲学史”，同时着手课程教材的构思与写作。1929年，《中国哲学史》上卷“上古哲学”写成，1931年作为清华大学丛书之一由上海神州国光社出版，1933年下卷“经学时代”写成，1934年上下卷共同由商务印书馆出版（上卷更名为“子学时代”）。此两卷本标志着冯先生学术思想的成型，“经学时代”的思想命题也深深地烙印在现代学术史上。

冯先生在上卷谈到子学时代的终结时已明确作出划界：“董仲舒之主张行，而子学时代终；董仲舒之学说立，而经学时代始。”又说：“自孔子至淮南王为子学时代，自董仲舒至康有为则经学时代也。”正式出版的下卷对经学时代下限的认定又有所改变，在康有为后加入了谭嗣同、廖平两节，并最后作出结论：“廖平之学，实为经学最后之壁垒，就时间言，就其学之内容言，皆可以结经学时代之局者也。”主要问题倒不在时限上，而是从结构上来看，冯先生将汉代以后的今文经学、谶纬及象数之学、古文经学、玄学、佛学、道学、心学、清代道学、清代今文经学等哲学思潮统统归列入“经学时代”，这是冯先生对于中国思想史作出的最卓越的建构。可惜的是，对于冯先生用心设计的上下篇分卷的结构非但很少有人予以张扬，批评者却不乏其人。尖锐地指出冯先生这一缺失者当首推胡适，胡先生在1955年以英文发表于《美国历史评论》上的书评中曾谓：“从西元前一世纪直到西元后二十世纪，中国哲学的第二个时期，必须被视为‘经学时代’，那也就是儒学的研究。这样的分法是无视于道家自然主义巨大的影响，一千年来佛教征服中国的事实，以及道教以一个宗教形成成长的过程。”（周质平《胡适与冯友兰》，《胡适与现代中国思潮》，2002）其实国内大多哲学史家是同意胡适之说的，他们更愿意把子学、经学两分法当作冯著的一项缺失而为尊者讳。后续对中国哲学史进行开掘者便不再理会这一两分法，毅然以朝代先后为序重新进行归并。学术界的这一反应同样冲溃了冯先生，在他后期的《中国哲学史新编》中已悄然放弃了这一两分框架，采用已为学界通行的以时代先后为序：殷周至春秋末战国初、战国、两汉、魏晋至隋唐、宋元明清、近代、现代。

其实，胡适并没有理解比自己年轻四岁的冯友兰，倒是陈寅恪在冯著的审查报告中，揭示出了冯先生当年的用心。且看陈先生那一段广为流传的话："儒者在古代本为典章学术所寄托之专家。……夫政治社会一切公私行动莫不与法典相关，而法典为儒家学说具体之实现。故二千年来华夏民族所受儒家学说之影响最深最巨者，实在制度法律公私生活之方面；而关于学说思想之方面，或转有不如佛道二教者。"（《冯友兰中国哲学史下册审查报告》，1934）正是"制度法律公私生活之方面"，构成了冯先生"经学时代"的区别性特征，由此华夏民族从绵延八百年的周礼制度中走出来，自秦汉新创，直至又一个八百年之后的唐代，再度臻于顶峰。这是中华民族千年传承的根干，非佛道二教之影响所能匹。荷兰学者许理和（Erik Zürcher，1928—2008）的认识完全袭自陈、冯，他说自公元三世纪中期，"儒学再度蜕变为一种社会和政治思想体系，扬弃了其中过于空洞和繁琐的形而上学"，同时，"儒家学说的这块真空地带被一系列思想和观念所占据"（《佛教征服中国》，李四龙、裴勇等译，2005），所谓"一系列思想和观念"指的也就是佛道二教，它们的影响则在"社会和政治思想体系"之外。所以说，从《周礼》到《通典》，支撑了这一长时段"政治社会一切公私行动"的重新建构，由此六经经义得以逐步复活。《通典》之所以瑰伟，因其抓住了《周礼》的精神而推扩之，增益之，将其时国家制度之因革流变记载、呈现出来了，而不是死抠其框架，墨守其条文。就整部《通典》来看，从食货、选举、职官到礼、乐、兵、刑、州郡，六经的思想精神弥满其中，也就是在政治经济的建设、社会家族的运作、公私制度的变动等各个方面都体现出经义，也就是陈寅恪所谓“儒家学说具体之实现”，“影响最深最巨者”。正因其潜入了底层，所以从表层未必能看出来，只有层层抽绎，抽丝剥笋方能洞悉其中。“经学时代”的真正内涵是从经籍的字里行间本身是无法获得的，也是局限于注疏、沉浸于训诂难以企及的，烛照取用经史类著作中的若干史料，亦必将迷失大义。这项研究，我在新近出版的《中国儒学史·隋唐卷》(2011)中始见端倪，尤其是“盛唐时期的儒学及其制度化”“中唐儒家的经世思想”两章正是从经义与唐代制度之关系着手来论述，只是尚嫌粗略，仅见其轮廓。如今《经籍考》中所收保科季子《天子好逑——汉代儒教的皇后论》一文亦是从这一视角来观察汉制，作者所要考察的正是经义与现实制度之间的张弛关系：“在西汉末，《仪礼》‘夫妻一体’的思想亦被援用于皇帝与皇后之间；至东汉初期，皇后因独占‘后’号而获得了可与《礼记》所描述的‘天子之后’相比美的地位；然而，以东汉和帝前后为界，天子的至尊性超越了帝后一体性，‘天子不亲迎’的看法反转为优。”(《经籍考》，第172页)只是从总体上看，离《宣言》所倡导的“修复断裂的长时段叙事”，微观与宏观完美地结合，尚欠着一些火候。

伴随着上述研究课题的，就是对“经学时代”中经学与玄学、佛学、道学、心学等的复杂关系进行辩证梳理。经学与玄、佛的关系，简单地称之为主次、本末、交叉、替代、包涵、共生等等，我认为均欠妥贴。比如贺昌群《魏晋清谈思想初论》(1946)即认为："魏晋间举世皆道法思想。"许抗生《魏晋玄学史》(1989)进而论证："汉魏之际，经学逐渐向玄学转变。……正始年间的玄学家则把儒道关系颠倒过来，以道家思想为本，儒家思想为末。儒道本末、主次关系的颠倒，标志着学术风气的根本转变。"学术界赞同此说者不乏其人。然而，早在一百年前章太炎即在他的名文《五朝学》(1910)中慧眼如炬地指出："夫经莫穹于礼乐，政莫要乎律令，技莫微乎算术，形莫急乎药石，五朝诸名士皆综之。……故玄学常与礼律相扶。"就此，后人称之为"玄儒双修"，汤用彤、汤一介父子曾进行过集中的论证。尤其是借助日本回传入中国的皇侃《论语义疏》、《礼记子本疏义》等，研究可取得长足的推进，《经籍考》分别收入山本岩、藤冢邻二位之文，标志着这一研究方向的在日本学界已发其先声。我在十多年前曾密切关注过一段时间皇疏，大致浏览过中日两国有关皇疏的多种版本及上百种研究成果，当时深感《四库全书总目》所论定的皇疏"存汉晋经学之一线"说尚未得到全面而深入的论证。更进一步推论，若关注儒佛道三教经义的交融与渗透，"往上与两汉经学，往下与唐宋经学进行对比，则不难勾勒出中国经学由汉学转向宋学的历史辙痕”，所以我当年即预计“皇疏之价值恐怕远远超出四库馆臣‘存汉晋经学之一线’的估计，皇疏已然架起了贯通汉、宋经学之桥梁”（《汉唐经学史料索隐》，2007）。此后，中国大陆就皇疏的文本整理已大大突破自1771年以来的根本逊志（1698—1764）校勘本一统天下的局面，但在经义的流变上借此桥梁以研究汉宋经学如何转向，研究佛道如何铸就儒学新生，似仍未得到实质性的推进。《经籍考》所收古胜隆一之文尝试就北朝经学融入《老子》思想进行一定的发掘。然而从总体上看，这一长时段经学史的又一项开拓性成果尚在酝酿之中，至今仍停留在章太炎《五朝学》撰成的1910年。我记得童岭曾对《礼记子本疏义》的中日两国研究史进行过细致梳理，认为已有成果仍徘徊在“经学”和“经学史”之间，“虽然多有长篇弘论，但从总体上看，是在第一阶段（指罗振玉、孙诒让等）即已开拓的问题上继续延伸”（《六朝隋唐汉籍旧钞本研究》第七章，2017），童先生和我正所谓心有戚戚焉。

三、积分

童岭在“中国中古学术思想书系”（第一辑）的总序中说：“只有中国的文脉、国脉，在从汉至唐的‘中古’时代，经历了凤凰涅槃，重生了伟大的文明之花。”这个“凤凰涅槃”的过程，容纳了经学史长时段叙事的一系列研究课题，上文所及只是其中最重要的几个学术领域。《经籍考》收入了安居香山、中村璋八两位日本谶纬研究名家之作，谶纬、符瑞等背后正隐含的另一项长时段经学史的大课题。

安居香山的文章主旨在勾勒“佛教的传入和流布是在图谶大为流行的汉魏晋前后，因此不可避免地，二者接触时产生了摩擦与交流”（《经籍考》，第246页），佛教在中国传播之速、影响之深，是借助了谶纬征验（道教亦然）的神力，若深挖其内在的脉络，依托的原动力相当一部分其实来自于中国原有的墨学思想。孙英刚曾在其著作《神文时代》（2014）中留意到，“今文经学、谶纬、方士传统和道教，共同构建了一个‘太平’的政治理想，并将之变成主流的意识形态”，而翻译佛经的菩提流志“能够将有强烈祥瑞色彩的内容恰当地融入佛典，并且利用佛典化解本土阴阳灾异说”，应该说已鞭及墨学对道、佛传播的深层影响，只是作者自己尚未意识到。这也难怪孙先生，因为墨学在汉代以后早已消亡的认识，自胡适《中国哲学史大纲》（1919）问世之后，早已深入中国学者心目中。中古政治、制度、学术、思想中所蕴含的墨学因子，期待学术界能诞生一部专著《墨学入儒》，来作深入的研究（我在《中古政治中的墨学因子》中已略作揭橥）。

我非常欣赏《经籍考》所录第一篇京都学派名家宫崎

市定的话：“考证学应该只算是‘微分’（Differential），而非‘积分’（Integral）”（第 38 页）。微分和积分的差别当代大学生不难理解，说得简单一点，比如将一个苹果切成几块是微分的话，那么把切成的几块苹果再合拢起来就是积分。经学史研究长期以来处于微分时代，这或许是乾嘉时代残留至今的余绪，或许是周予同所倡隔离化验法的忠实传承，用钱穆的话说就是“死经学”。要从微分走向黎曼积分的新时代，就是要开辟出长时段经学史的叙事结构，由此从多角度破解当年冯友兰提出的“经学时代”的思想命题。

从以上所举例证可以看出，所谓的长时段经学史，并非皮锡瑞《经学历史》、刘师培《经学教科书》框架结构下的经学史，而是对“中国思想之根本乃在经学”进行深层脉络的梳理，由此将诞生出一系列崭新的学术课题，从而让传统接轨现实，迸发出活力。这需要经学史研究者改变思路，革新自我，团结起来，协同合作，“成为跨学科、大思维课程的开拓者”（Sanford Jacoby 语，《宣言》第 149 页），从而让经史学赢得学科地位，恢复经世致用的巨大价值，由边缘而跻身主流。

童岭主编《经籍考》的初衷是要“让恪守‘段王之学’的日本经学家重新进入中国方兴未艾的经学史研究之视野”（编后记），然而我却从中听到了长时段经学史呼之欲出的号角已然吹响，经学史积分时代的到来为时不远矣。

当然，我也知道，前途必然充满挑战、遍地荆棘，因此我也模仿《宣言》的结束语，作出如下之呼吁：

全世界经史学研究者，联合起来！我们必定可以再一次赢得属于我们的时代。

2017年9月，圆明园东门外

刊于《国际汉学研究通讯》第16辑（2018.6）

经学史的一条主线

一、康与章

冯友兰《中国哲学史》的“经学时代”，界限上起董仲舒（约前179—约前104）下迄康有为（1858—1927），后来下卷成书时又略修正至廖平（1852—1932）。而其他经学史的研究者往往将尾声收束到章太炎，如本田成之（1882—1945）的《支那经学史论》（东京弘文堂，1927）最后即以章氏煞尾。本田氏认为“章炳麟全然由佛教所构成”，乃至全部的清代校证学在理路上近乎趋同，“由是以至于佛教之书，在不知不觉间，至压倒经学”，进而推断“经学这一学科，将或失于中国而存于日本也未可知”（孙俍工中译本《中国经学史》）的结论。

“存于日本”，亦无可能。经学之终结，在人间失了存在的土壤，如今殆已成事实。唯那个终结点的确定，是康还是章，还需再斟酌。康、章在年龄上差别甚微，章氏不过较康氏小十岁，辞世晚九载。难怪周予同颇为纠结，难以案断。由周先生讲授、许道勋笔记整理的《中国经学史讲义》最后一章索性叫“康有为与章太炎”，介绍完康有为说：“总之，康有为是清今文学的最后大师，以后就没有大师了，作为经学，至此完结。”介绍完章太炎又说：“章太炎之死标志着古文经学的结束。”（收入朱维铮编《周予同经学史论著选集》）如此做法看似将今文、古文平分了秋月，实则是将经学观念上的这一大分水岭又带入了作为历史的经学史研究。

经学时代终结，便意味着经学史研究的开启。周予同本人看似更倾向于从今文经学的视角来看经学与经学史的分界，因为皮锡瑞的那本《经学历史》便是因周先生为之作了注释本的缘故，几乎影响了所有经学史家的眼光。葛兆光转述周予同的话，说：“晚清皮锡瑞的《经学历史》虽然简略，却成了最合格的经学史。”（《经学史的研究方法》，2007）葛先生“最合格”的标签，据他自己说是转述自注释本《经学历史》的序言，我反复查证，只找到如下几句较为类似的话，一句是周先生在开头说“皮锡瑞《经学历史》是经学入门书籍，可以说是‘经学之导言’”，一句是在比较了旧有的相关著作后说“因为这种原因，所以这样简略的皮著《经学历史》竟成为适应需要而另具价值的著作了”，另一句是在序言末尾概况说“皮氏这本书自由起许多的优点，值得我们一读；更其是为经学史辟了一新途径，是值得我们后学者尊敬的”。周先生对皮著固然看重，但终究还是没有用“最合格的经学史”这样的评价；多年之后对那个时代的认知逐渐模糊，今天的学者将皮著俨然看成是经学史研究不二的开山之祖（参见吴仰湘《皮锡瑞的经学成就与经学思想·绪论》对当代学术界推誉皮著的概述，2013）。

二十年前，我曾将《周予同经学史论著选集》细读过一遍，揣摩下来总感觉在周予同心里，或许更倾向于将古文经学的章太炎作为经学时代的殿军。为什么这样说呢？请看在说完“章太炎之死标志着古文经学的结束”这句话之后，周先生接着说：“他的学生们都不是古文经学家。例如，鲁迅走向文学，钱玄同走向文字语言学，黄侃研究文学及音韵学，朱希祖研究南明史及版本学，吴承仕研究‘三礼’学。”（《中国经学史讲义·中编》）言下之意，章太炎是经学的结束，章太炎的弟子们则是新学术的开启，由此也就看出“经学时代”的终结不是戛然而止，而是衔接着进入了新的学术范畴。在周先生编写、汤志钧辅助的“中国经学史”课程讲稿中，周先生的说法较《经学历史》序言中有所修正，一处是说：“五四运动以后，‘经学’退出了历史舞台，但‘经学史’的研究却急待开展。”（《“经”、“经学”、“经学史”——中国经学史论之一》，1961）将下限明确定在五四运动，与新学术的开启是一致的看法，要知五四的健将们大部分出自章太炎的学脉（王汎森《章太炎的思想及其对儒学传统的冲击》第六章专门探讨了章太炎对钱玄同、吴虞、鲁迅、胡适、傅斯年、顾颉刚六人的影响，1985）。另一处周先生更是指出："他（指顾炎武）在明朝衰亡、理学盛行之时，扛起了'经学'的大旗，上矫宋、明理学末流，下启清代'汉学'先路，在我国近三百学术思想史上起过巨大的影响，直到近代的章炳麟，才基本上告一段落。""从顾炎武到章炳麟，很明显地开创和终结了清代'汉学'。"（《从顾炎武到章炳麟》，1963）周先生的关注点更多的在"汉学"，那么由章太炎结经学之局，在周先生的学术理路中显得非常妥帖。

回顾章太炎的学术人生，23 岁至 29 岁入杭州诂经精舍，从俞樾（1821—1907）治经学，即以经义考证为标志的"汉学"，著有《膏兰室札记》（474 条）、《春秋左传读》（900 多条），并有多篇读经散札收入《诂经精舍课艺》（七、八集）。《膏兰室札记》显然由王念孙、王引之《经义述闻》《读书杂志》，俞樾《群经平议》《诸子平议》一路而来，是对儒家经籍、周秦两汉诸子等字义文句的考据，《春秋左传读》初亦名《杂记》，效臧琳《经义杂记》而为之，完全是延续清代经学考证学的研习、著述之札记体路径。

然而自 1897 年章太炎离开精舍，投身上海《时务报》之后，学术路向为之转移。至 1899 年，《訄书》初步辑订

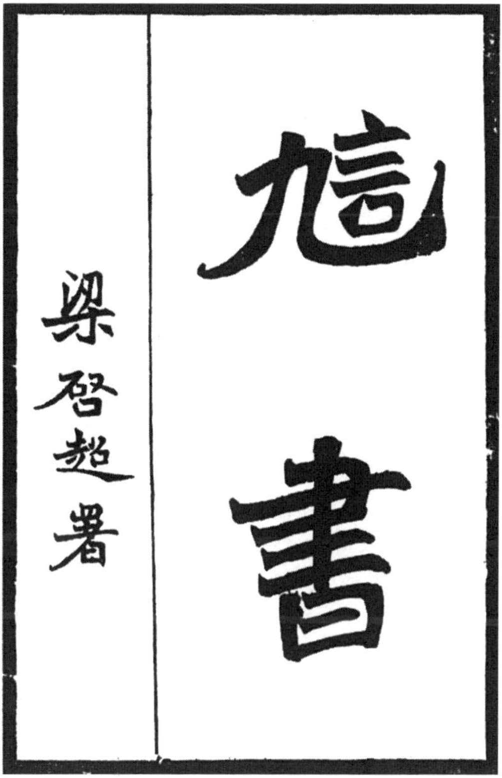

《訄书》初刻本梁启超题字

完成（1900 年刊印），章氏之学术显然已由经学本体训释成功转型到对现实社会改造发声上。《訄书》“五十篇，构成了具有内在联系的体系”，“其中，政治制度、经籍关系、法律制度、民族问题、国防问题、教育制度改革、宗教问题等等，基本包含了社会改造的各个侧面”（姚奠中、董国炎《章太炎学术年谱》，1996）。然而从严格意义上说，从《訄书》中体现出来的仍然是经学本旨的外化经世价值，延续的仍是经学济世救邦的精神脉络，在气韵上尚未彻底迈出经学（汉学）之大范畴。

1902年，章太炎致书梁启超，论及修《中国通史》事，其主要观点又收入当年修订的《訄书》重订本中（1904年重订本在日本出版）。据《訄书·哀清史第五十九》附录《中国通史略例》《中国通史目录》，章氏拟取资之史料有："凡皇古异闻，种界实迹，见于洪积石层，足以补旧史所不逮者"，"外人言支那事，时一二称道之，虽谓之古史，无过也"，"虽希腊、罗马、印度、西膜诸史，不得谓无与域中矣"，"若夫心理、社会、宗教各论，发明天则，烝人所同，于作史尤为要领"，所拟通史目录计为五表、十二志、十记、八考纪、二十七别录。章氏此作，究其旨归依然是要寻求"社会政法盛衰蕃变之所原"，然而史料触角之延伸已断非经学范畴所可涵括，其思想之来由更多的是为与"西方作史"者"互为经纬"（详参徐复《訄书详注》，2000），可证明章氏之学术已发生了由经入史本质转变。这应该说是在西方史学背景下催生而成的中国现代史学之最早发端。20世纪史学界的两股飓风——梁启超的"新史学"和顾颉刚的"古史辨"，均受到章太炎的深刻影响。顾颉刚后来自己在《古史辨自序》（1926）中即曾坦言："听了太炎先生的演讲，觉得他的话既是渊博，又有系统，又有宗旨和批评，我从来没有碰见过这样的教师，我佩服极了。”“我愿意随从太炎先生之风，用了看史书的眼光去认识六经，用了看哲人和学者的眼光去认识孔子。”梁启超的《新史学》正式发表正是在与章太炎通信的1902年，梁文破多于立，正是在与章太炎的多次通信中反复讨论如何新建，而留下了踏破铁鞋的踪迹。

至1906年，《国粹学报》发表了章太炎两篇重要文章，对现代学术的开启更显深远。一篇是《论语言文字之学》（24、25期），标志着传统小学（经学之附庸）向现代语言文字学的根本性变化，“具有划时代的意义”（何九盈《中国现代语言学史》，1995）。章氏指出传统的文字学、音韵学、训诂学“合此三种乃成语言文字之学”，“犹名为小学，则以袭用古称，便于指示，其实当名语言文字之学，方为确切”。这一名称的提出“不是简单的易名，而是标志着这门学科的根本变化”，“确定了它的研究范围，找到了它在近代科学中应有的位置”，并“为它向近代的理论科学发展，奠定了有利的基础”（陆宗达、王宁、宋永培《训诂学的知识与应用》，1990）。章太炎又续成《语言缘起说》，撰成《小学略说》《成均图》《音理论》《二十三部音准》等，收入《国故论衡》上卷（1910年初刊），著作《新方言》（1908）、《小学答问》（1909）、《文始》（1911）等，在理论、实践上同时为现代汉语文字学科铺垫了基石。

另外一篇是《诸子学略说》(20、21 期)，为中国古代哲学史研究之滥觞。文中提出“古之学者，多出王官”说，并以佛理与名家参互印证，此文直接引发了胡适的《论九流出于王官说之谬》(1917)，也就是在同年《先秦名学史》(英文，1917)之撰成前十一年，无疑对胡氏《中国哲学史大纲》(1918)之创构，也有着深层次的影响。实际上，章太炎自 1904 年始研习佛经，至 1910 年撰成《齐物论释》，参照西洋哲学诸如康德、萧宾诃尔(即叔本华)之学说，长期致力于诸子与佛法在哲理层面上的汇通索证，呈现出中、印、欧三大文明系统的交融，也是章氏最为自负的学术制高点，故其在《自述学术次第》中置于首位，并谓“《齐物论释》使庄生五千言，字字可解，日本诸沙门亦多慕之”，“若《齐物论释》《文始》诸书，可谓一字千金”。现代意义上的哲学史家，至今恐难以企及章氏的学术修养，难怪章氏弟子朱希祖感叹“[先师]惟诸子哲理，恐将成广陵散矣”(《致潘承弼书》，1936.7)。这也是本田成之说章氏之学本质上是佛学的缘由所在。

20 世纪之初，是历史学、语言文字学、哲学三大现代学术门类的形成期，同时也是经学这一传统学术门类蜕分、消隐的时期，至今研究传统经学的学者仍相应地散落在历史系、中文系、哲学系的相关学科中。当年这一转变的折痕，基本上留存在章太炎的学术生命历程中，因此将章太炎视作经学时代的终结性人物，无疑是更为合适的。

二、皮与刘

经学时代的终结，更精准的定位应当是章太炎，而非康有为；同理，经学史的开辟者也应当更精准地认定为刘师培（1884—1919，字申叔），而非皮锡瑞。章太炎“为申叔论学之挚友”（钱玄同语，《〈章太炎黄季刚二君关于刘申叔君之文十首〉题记》，1936，《刘申叔遗书》卷首），章、刘两人不仅过从甚密，而且1907年前章氏对刘氏影响甚深（参见郑师渠《章太炎、刘师培交谊论》，《晚清国粹派》附录，1997），两人的学术观点颇多一致之处，尤其是在以史学之法治经学这一点上。

经学史的研究因周予同将线牵到了皮锡瑞那里，长期以来均陷在这一视域框架之下，至今未能充分认识到章、刘一派所作出的开创性贡献。

对皮锡瑞《经学历史》的不满，实际上早就从周予同那里明显的流露出来了。周先生在注释本的序言中摘录章太炎讥斥皮锡瑞的话：“其后为《王制笺》《经学历史》《春秋讲义》三书，乃大诬谬。……《经学历史》，钞疏原委，顾妄以已意裁断，疑《易》《礼》皆孔子所为，愚诬滋甚。”（《驳皮锡瑞三书》，《太炎文录初编》卷一）随后自己也毫不留情面地非议起皮氏来：“不要忘记皮锡瑞究竟只是一个经学家而不是史学家。因为他不是史学家，所以史料的搜集不完备，史料的排比不妥善，而且每每不能客观地记述事实，而好加以主观的评议。他这部书，假使粗忽的翻阅，似乎不能将经古今文学、宋学的发生、变迁、异同、利弊一一显示给我们。他不能超出一切经学的派别来记述经学，而只是立在今文派的旗帜之下来批评反对派。诚然，就经学说，他是没有失掉立场；但是，就史学说，他这部书就不免有点宣传的嫌疑了。”也就是说《经学历史》虽名为“历史”，实际上还是“经学”，是皮锡瑞的“经学”，用孙俍工的话说就是“每易陷于主观，故入主出奴门户之见”难免（本田成之《中国经学史》中译本译者序），葛兆光解释说，“还是站在经学内部，用一种来自传统的经学家观念，来固执地评价经学史”（《经学史的研究方法》，2007）。所有这些斥责，最终都走向惋惜，因为诸家并未举出可以颉颃皮氏的经学史著作，唯孙先生力推他所翻译的日人著作，但毕竟较皮著晚出了二十年。

林庆彰对《经学历史》的驳议也是广为人知的。就皮氏对经学史的分期问题，林先生摘出如下五点不足：“一是将汉代的经学分为三期，一汉武帝时为经学昌明时代；以通儒辈出的东汉末为中衰时代，恐不尽合事实。二是以分立时代来称呼南北朝的经学，也看不出当时义疏之学流行的特色。三是以变古时代来称呼宋代经学，其所为‘变古’，是变成古代，或改变古代称现代，语意不够明确。四是以经学积衰时代来称呼元代经学，恐怕与事实不合。五是清代的经学有三次转折，以‘复盛’来概括，看不出变化的内容。”（《经学史研究的基本认识》，1987，收入《中国经学论文选集》上册）就皮氏之忽略了义疏学，我也作过一些导引性的分析（参见《义疏学问答体五种参证引言》），故而林先生所说的话感同身受，用“分立时代”的界定，完全不足以显出那个时代经学的特质，更不论亮色。林先生说的其他几个分期段落，按皮氏所谓的“中衰”“变古”“积衰”“复盛”，顶多呈现出了经学史发展的曲线波动，衰了又盛，盛了又衰，完全看不到经学时代的内在脉动。

林庆彰试图颠覆《经学历史》作为第一本经学史著作的地位，希望由另外一部著作来代替皮著。他指出比皮著问世的1906年早一年，刘师培的《经学教科书》第一册已于1905年出版。而且此书的体量并不比皮著单薄，“以两本书的规模来看，其实差不多”，“皮锡瑞的《经学历史》是因为周予同作了详细的注解，它才流行得更广，不然的话也只不过是一本小册子而已”（《民国时期的中国经学史研究》，《炎黄文化研究》第11辑，2010）。林先生的话，得到了吴仰湘的证实，吴先生检出皮锡瑞《师伏堂日记》作为铁证，证明在《经学历史》付刻之前，皮氏已购得《经学教科书》（《皮锡瑞的经学成就与经学思想》第八章，2013）。其实，周予同当年并非无视刘师培的《经学教科书》，他在《经学历史》1959年重印本后记中即已指出：“同皮氏学派不同而缺点相似的，还有刘师培的《经学教科书》第一册。刘氏是‘古文学派’，他的见解有许多是同皮氏对立的。……将皮、刘两家书加以对比阅读，或者对于了解经学史有些方便。”林庆彰的用意，当然不满足于“对比阅读”，而是想要用《经学教科书》来代替《经学历史》，奠定其作为名副其实的第一本经学史著作的学术史地位。可惜，林先生本人并未如周先生般详注刘书以作力荐，待陈居渊的注释本《经学教科书》由上海古籍出版社 2006 年出版之际，似乎已经时移世易，扭转之力显得远远不逮。

我当然是赞同要确立刘师培在经学史研究上的宗主地位的，只是同样深感《经学教科书》的力量实在显得比较薄弱。一方面固然是因为刘氏此著较皮著在时间上早了一年半载，并没有占多大的先机，另一方面则是因为周予同已经指出，如果说皮氏站在今文的立场上，那么刘氏则站在古文的立场上，两者半斤八两，刘著亦无任何优势。更重要的原因是，陈居渊注释本《经学教科书》将刘著一旦放到了聚光灯之下，通读过此书的读者便不在少数，普遍的感受应当与陈先生在前言中所概况的近似：“他按时代顺序、以专经的形式总结了历代经学研究的特点及成果，虽然只是论其大略……基本做到举要籍、明源流、辨得失、重考证，言简意赅而无轩轾。”说穿了，也就是此书较为平实而浅显，原原本本，是一本经学入门的初级读本，无法与《经学历史》在深度上相颉颃。

我认为学术界完全忽略了刘师培的另外一种杰出的成果——《国学发微》。《国学发微》同样问世在1905至1906年，不过不是以刊印的方式整本呈现，而是连载于《国粹学报》第1—14、17、23期，从1905年2月23日延续到1906年12月5日毕。在时间上可以说与《经学教科书》《经学历史》差不多同时问世。此书之所以被长期沉埋，和它零零落落被连载，未能以刊印本的方式一举推出极有关系，此时刘师培的年龄刚刚二十出头，声名未彰，而皮锡瑞已值晚年，乃一代学坛的"经师人师"（杨树达语）。更紧要的是这部著作被题名"国学"，而未直接标以"经学"。在五四新一代学者的心目中，国学"只是'国故学'的缩写，中国的一切过去的文化历史，都是我们的'国故'"，"我们现在要扩充国学的领域，包括上下三四千年的故去文化，打破一切的门户成见，拿历史的眼光来整统一切"（胡适《〈国学季刊〉发刊宣言》，1923.1）。既然如此，"经学"自然只是"国学"中分量有限的一小部分。后来的学者延续了这一"国学"观，竟没有意识到刘师培心眼里的所谓"国学"，与胡适等新派学者的"国学"绝然不是一回事。

刘师培《国学发微》中所论述的内容，十之八九都是与十三经及其历史相关的内容；如果按照章太炎对"国学"和"经学"关系的厘定，实际上应当全部归属于经学的范畴。章太炎的国学观念延续一生，我们可从其晚年的几次演讲中看得非常清楚。他在1933年在无锡国学专门学校的演讲《国学之统宗》中明确交待："余以为今日而讲国学，《孝经》《大学》《儒行》《丧服》，实万流之汇归也。"又说："'经义'所包甚广，史学亦包括在内，可以说'经义'即是学问全部。""其实经是古代的史书，史是近代的经书，二者本来是一致的。"（《"经义""治事"》，《章太炎国学讲演录》）章太炎的国学观，如果运用到刘师培的《国学发微》中，允合无间，可见二人在思想上的相通。刘师培的这本《国学发微》，更准确的应该叫作《经学史发微》。

三、大关节处

刘师培在基本写完《经学教科书》第一册的同时，开始逐段刊布《国学发微》，两书在他心目中是各有倚重的。《经学教科书》重在基础知识的入门，《国学发微》重在讲自己研究的心得，所写均为独到的见解，故而称为"发微"。所以，后者虽然简练，却融入了刘师培大量的心得与创见，甚至是仪征刘氏家族几代传经的诸多密见，可惜至今尚未得到经学史研究者的足够重视。我在这里试就其中六处大关节略作揭橥，以见此书之荦荦卓见，有待学术界逐一检视并深作耕耘。

第一，将经学史之开端定位在孔子。刘氏曰：

近世巨儒，推六艺之起原，以为皆周公旧典。……予谓六艺之学，即孔门所编订教科书也。孔子之前，已有六经，然皆未修之本也；自孔子删《诗》《书》、定礼乐、赞《周易》、修《春秋》，而未修之六经易为孔门编订之六经。……《易经》者，哲理之讲义也；《诗经》者，唱歌之课本也；《书经》者，国文之课本也；《春秋》者，本国近事史之课本也；《礼经》者，伦理、心理之讲义及课本也；《乐经》者，唱歌之课本，及体操之模范也，是为孔门编订之六经。

将六经起源推到周公，自然是上承章学诚的“六经皆史”说。刘氏的贡献是在这一基础上确定了孔子作为经学史的开创者，以及六经作为经书，在教育上的功能与地位。皮锡瑞“经学开辟时代”同样将孔子作为创始者，称：“孔子之教何在？即在所作‘六经’之内。故孔子为万世师表，‘六经’即为万世教科书。”在经学史的起点上，刘与皮的认识可谓不相伯仲。

第二，诸子之学乃出于六经，为孔门之外别一支脉。刘氏曰：

《荀子·非十二子篇》论诸子学派颇详。即荀子言观之，知周末诸子之学派，多与西儒学术相符。……它嚣、魏牟，盖道家之派也，而尤近于庄、列。《荀子》称其“纵情性，安恣睢”，其语虽为过实，然足证此派学术以趋乐去苦、逍遥自适为宗，故流为放浪。吾观希腊人伊壁鸠鲁，创立学派，专主乐生，近世英人边沁继之，遂成乐利学派，殆它嚣、魏牟之流亚也。

以西学参合印证、引申诸子学说，它嚣、魏牟之外，刘氏又以陈仲、史鳝比之于“希腊人安得臣，倡什匿克学派”以及“印度婆罗门教”，墨翟、宋钘比之于“当希腊罗马时，又斯多噶学派”，慎到、田骈比之于西方法律学，惠施、邓析、公孙龙比之于“希腊古初有诡辩学派，厥复雅里斯得勒首创论理之学，德朴吉利图创见尘非真之学”，又子思、孟子一派“与希腊苏格拉底之学相近”。中西比较之法在刘师培另外一篇《周末学术史序》(1905)中论述尤详。其背后所体现出来的是刘师培的重要创见，即诸子百家之学乃“六经皆礼”之分化与流裔，诸子乃由经学孳孽而出(参见拙文《论“六经皆礼”说及其延伸路径》，2018)。而皮锡瑞在第二章“经学流传时代”则完全忽略诸子，只讲孔门儒家在春秋至秦之间传经的历史。

第三，两汉经学之所以昌盛，乃在吸纳诸子之学入经义。刘氏曰：

西汉之初，儒学虽萌芽于世，然九流之说犹未尽沦。贾生传《春秋》、三《礼》之学，然《过秦论》上篇以仲尼与墨翟并言，而史书复称其明申韩之术，则贾生非仅治儒术矣。……至于东汉，诸子之说，治者愈稀。然崔寔《政论》，法家之言也；王充《论衡》，名家之言也；王府《潜夫论》，仲长统《乐志论》，则又以儒家而兼通道家者也。魏晋之降，学术日衰，而诸子之学真亡矣。

又曰：

两汉之时，诸子之说未沦，降及东京，九流之书日出。如徐幹《中论》，儒家之流也；荀悦《申鉴》、王符《潜夫论》、崔寔《政论》、仲长统《昌言》，法家之流也；王充《论衡》、应劭《风俗通》，名家之流也；张衡《灵宪》、刘陶《七曜论》，阴阳家之流也；牟融《牟子》、杨成子《长乐经》，道家之流也；崔寔《四民月令》，农家之流也。惟九流之说日昌，故说经之儒亦间援九流释六艺，试详考之。

对应于皮锡瑞"经学昌明时代""经学极盛时代"，博士、师法、禄利、今古文、谶纬、章句乃皮著勾勒的基本脉络，昌盛之事实寥然。而刘师培之独辟蹊径，是在探寻经学昌明之表象底下的暗流，即汉儒的思想资源，除来自于六经本身外，实各自吸纳了诸子之学的真髓。也就是说，正是融入诸子之学以解经，激发出了六经所蕴含的思想活力。就今文谶纬之学而言，刘氏所云"周秦以还，图箓遗文渐兴，儒道二家相杂，入道家者为符箓，入儒家者为谶纬"，可谓眼光独到之论。儒道关系深远，道教之源与东汉纬学弥漫之间有着错综复杂的头绪牵连。

第四，魏晋玄学乃吸纳老庄之术，旁采佛学资源，至南朝而哲学大昌。刘氏曰：

> 至于正始，而老庄之术复昌。王、何说经，始舍数言理，不以阴阳断人事，即郭象、司马彪之书，亦时有善言，侈言名理，以自得为归，析理精微，或间出汉儒之上。李翱、程颐隐窃其说，即能以学术自鸣。此魏晋学术之得也。……东晋以降，佛教日昌，学士大夫兼崇老佛，而玄学范围愈扩，遂与儒学并衡。盖伦理、典制该于儒学之中，而玄学所该，则哲学、宗教、心理是也。

又曰：

> 大约魏晋经学与两汉殊，尚排击而鲜引申，演空理而遗实诂，尚摭拾而寡折衷，遂开南朝经学之先，此经学之一大变也。……南朝之儒咸守魏晋经师之说，故侈言新理，而师法悉改汉儒。……盖梁武之时，心宗之说播入中邦，故玄学益精，撷佛老之精英，弃儒家之糟粕，不可谓非哲学大昌之时代也。

此对应于皮锡瑞“经学中衰时代”。皮氏眼光陷于经注与事功，“准以汉人著述体例”，以玄学风貌与汉大相径庭，故而斥之“盖一坏于三国志分鼎，再坏于五胡之乱华，虽绪论略传，而宗风已坠矣”。刘师培则从经义转向新风入手，敏锐地揭示出此时的经学已由重伦理、典章，转向重哲理、心理，风向大为转折。进而条理出这一转折前受老庄之学的激荡，后又融入佛教义理的精度，由此迸发出经学史上哲理研索的第二座高峰。在皮锡瑞仅以南北分立的那个不起眼的时代中，不仅伴随着义疏之学的大兴，更是三教鼎立定型的时代，“自南朝顾欢、张融以孔老皆为宗教，以道教目老聃，以儒教尊孔子，复以儒道与佛教相衡，称为三教”。鼎立的同时，交融互渗亦相伴而生，故玄学的鼎盛在魏晋，理论的高峰则在齐梁。玄学乃是儒、道、佛三教融汇的第一大蓄水池，唐、宋以后理学的第三座理论高峰，其渊源出于此。

第五，宋明理学导源于中古佛学，与诸子之学也不乏内在一脉关联之处。刘氏曰：

> 若莲社诸公，虽息心净土，然王乔之作《三昧诗》，谓“妙用在兹，涉有览无，神由昧澈，识以照粗”，而慧远禅师为作诗序，谓“寂想专思，即为三昧”。遂开李翱复性之先，兼生朱子观心之说，此实宋明心理学之滥觞也。……宋儒之学虽多导源于佛老，亦多与九流之说暗合，特宋儒复讳其学术所自来耳。

又曰：

唐代之时，道教盛行，然黄老精理，鲜有发挥，惟佛教甚昌，非惟成一完全之宗教也，即学术思想亦由佛学而生。盖佛教各宗派，咸兴于隋唐之间。……唐人之学术，固未有不杂佛学者矣。即北宋之初，学士大夫亦多潜心佛理。

刘师培观点适与皮锡瑞相反，以隋以前学术富有活力，析理精微，而唐以后学术走向一尊，活泼的气质消逝。刘氏评《五经正义》曰："正义之学，乃专守一家，举一废百之学也。……冲远说经，无一心得之说矣。以雷同剿说之书，而欲使天下士民奉为圭臬，非是则黜为异端，不可谓非学术之专制矣。"刘氏的体会显然是其祖上四世传经的家学密传，皮氏《经学历史》在论及唐人正义时，同样援引了刘文淇、刘毓崧父子（刘师培的曾祖、祖父）的观点，但毕竟缺乏长期的浸淫，只是蜻蜓点水、隔靴搔痒。唐代学术的高峰在佛学，因而能上承六朝佛、老精髓，而又开宋学之先声，刘氏之卓见"唐人之学实宋学之导师矣"，后人仅见韩愈之于道统论，李翱之于心性说，陆贽之于实践礼学的关联。实际上是佛学内在的活力倾注入经学内部，经过数百年的熔铸，最终造就了宋代学术多方面的辉煌，这一条脉络经刘氏之文已初步揭橥，刘氏弟子陈钟凡《两宋思想述评》（1933）稍事推波，详尽而又深入的研究是所至望。

第六，元明以降学术路径变迁剧烈，不经意间吸纳西学之方法，造就了清学之隆盛。刘氏曰：

> 盖元代兵锋远及，直达欧洲，故西方之学术之输布中邦，此历数、音韵、舆地之学所由至元代而始精也。且元代之时，西人之入中国者，或任显职，或充行人，或殊方诡俗，重译而至。凡《元史》所言“也里可温”“答失蛮”，即景教之遗绪，回教之别称。则有元一代，乃西学输入中国之始，亦即西教流行中国之权舆。故中国之学术受其影响，或颇改旧观。此亦中国学术变迁之关键也。

刘师培说：“明人之学，近人多讥其空疏。”皮锡瑞正是延续了这一陈陈相因的批评，称这个时代为“经学积衰时代”，刘氏举出十证以见清儒考证学根植于明代，林庆彰《明代考据学研究》（1983）已证实刘说。不过这是问题之一面，另一条路径乃是上溯明清学术更深的学术理论，刘氏认为是由元代开启的东西文明大交换，由此西学涌入中国，刺激了经学研究又一次发生根本性的变化。对于清代考据学，英人李约瑟（Joseph Needham）曾引用胡适的话说，“当顾炎武研究语言学，并重新订正了古字音的时候，哈维（1578—1657）则出版了论血液循环的巨著，而伽利略（1564—1642）则出版了天文学和新科学方面的两大著作。……在顾炎武完成他的划时代的巨著《音学五书》的前一年，牛顿（1642—1727）已创立了微积分，并完成了对白光的分析。顾炎武在1680年为他的语言学著作的定稿写了序言，而牛顿则在1687年发表了他的《原理》"，不管是面对"书本、文字和文献考证"还是"星辰、球体、杠杆、球面和化学物质"等客观自然界，"最严格的考据原则、精确性和逻辑推理"东西方是可以等量齐观的（《中国科学技术史》第一卷"导论"，1954/1975）。梁启超对清代学术的研究，正是基于这一学理所展开的。研究在精神上的中西方共趋高精尖，是清学上继自明，明清源出于元，长期数百年来的积淀所铸就。只是元明以降如何吸纳西学，从而改变唐宋以来学术的"旧观"，实证之学如何在经学史内崛起的这一条大脉络，至今还尚待有志于交叉学科的研究者持续攻关。

四、一条主线

让我们将皮锡瑞、刘师培两部著作的论述主线提炼出来，略作比较如下。皮氏的分期是：

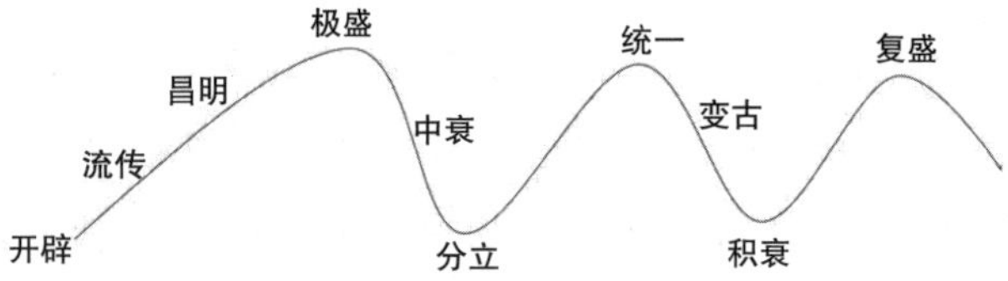

皮氏十期说，呈现出了经学史发展的一条正弦曲线，上下波动，盛极而衰。经学发展与朝代的稳定之间大致对应，汉、唐、清大一统的三个朝代，经济、军事力量强，故而经学著述丰；盛世之后，战乱起则局势动荡，国力衰微，经学亦相应气象衰弱。这一写作思路，用以观察经学与政治的关系，不失为有得之见，可见文化随政治的脉搏而起伏。不过如此一来就把经学庸俗化了，仅存了事功的一条路，忽略了其内在思想的流变和活力的消长。也就是说，将经学历史等同于致用于政治的历史，经学成为了政治的附庸，基本忽略了经学家、社会资源、民间力量等多重因素的综合作用力。要知就学术、思想之丰盈而言，往往不与政治相呼应，动乱之间出思想家，在历史上亦属常事。难怪周予同只能坦率地承认："他的分期看来清清楚楚，实则不清不楚。表面上分期，只是现象的求同存异，而没有从根本上探究原因。"（《中国经学史讲义·上编》）

从根本上探究经学发展之内因，唯刘氏《国学发微》足以当之。此书隐含其中的经学发展模式可如下图所示：

第五期：吸收西学而新生

第四期：吸收佛学而新生

第三期：吸收道家而新生

第二期：吸收诸子而新生

第一期：三代所积

除第一期与皮氏“经学开辟时代”相当外，按刘师培的叙述，经学的后续发展可分为四期：第二期乃是吸收了诸子多元的思想，而在两汉之际趋于昌盛；第三期是在魏晋之际借助道家，依托老庄思想兴起的玄学，在东晋南朝又一次达到哲理上的高峰；第四期乃与外来的佛学深度交融，从汉魏之际即缓缓交涉，至唐代佛学已充分中国化，儒佛双修已属常态，故而造就了宋代学术的极盛；第五期乃是西学传入带来的中西思想碰撞，经由元明清的融合与蕴积，至清代朴学而与西方科学并驾。这一过程，是经学四次焕发出勃勃生机的过程，是经学不断摄入其他思想资源的过程，也是经学成功地从内在进行脱胎换骨的过程。

经学史发展的一条主线已清晰地呈现出来，那就是经学在不断吸收其他学术资源的过程中蓬勃壮大起来，经学发展史本质上是经子、中印、中西多种文明共生、互动的历史。如果仅停留在六经文本内部，经学早就失去了活力，是诸子、道家、佛教、西学先后不断激活经学的内生力，让其在生命的枯竭处四度发生了创造性转化和创新性发展。转化的方式从著述表达的形式，到思想观点的植入，到视角观念的转变，直至学理逻辑的并轨。这一条主线，冯友兰称之为“旧瓶装新酒”：“在经学时代中，诸哲学家无论有无新见，皆须依傍古代即子学时代哲学家之名，大部分依傍经学之名，以发布其所见。……此时诸哲学家所酿之酒，无论新旧，皆装于古代哲学，大部分为经学之旧瓶内。”“因此旧瓶又富于弹力性，遇新酒多不能容时，则此瓶自能酌量扩充其范围。”（《中国哲学史》下册第一章“泛论经学时代”）“新酒”固然是在不断注入，但是那个“旧瓶”不仅仅因弹力性而扩充，而且早已为新酒所重塑、所熔铸。

冯先生说，近代以来“应时势而起之新思想既极多极新，旧瓶不能容……故终为所撑破”，那是没有深刻地认识到这个承载“新酒”的“旧瓶”早已发生形变，就像变形金刚一般，当你还在为它即将被撑破而担虑的时候，它早就随着时势之所趋而“变”成了另一个躯壳。抓住这一股经学的真精神者，20世纪以来唯申叔初识之，太炎践行之。

部分初稿乃2008年秋在南京大学初开“中国经学史”课的讲义

2020年春清华大学线上开设“经学研究前沿”课，条理润色之

2021年初连缀成文

汉唐经学史料索隐

一、皇疏

南朝梁皇侃《论语义疏》大概于南宋光宗庆元六年（1200）朱熹去世后在大陆亡佚（采陈金木《皇侃之经学》之说，1995），五百多年之后竟复由日本回传大陆，此乃中国经学史上一大盛事。清人翟灏（？—1788）《四书考异·总考》卷三十二“前人考异本”下记载了这样一段重要的相关史料：

愚于乾隆辛巳（1761），从堇浦杭先生（杭世骏）向小粉场汪氏借阅此书（指山井鼎《七经孟子考文》），知彼国尚有皇侃《义疏》，语于杭。杭初不深信，反复谛观，乃相与东望太息。逡巡十年，众友互相传说，武林汪君鹏，航海至日本国，竟购得以归，上遗书局，长塘鲍君廷博，雗其副于《知不足斋丛书》中，以初槧一本见馈，不啻获珍珠船也。

翟氏所言之所以重要，是因为这是能够考知皇疏由日本回归大陆具体时间的唯一确切史料，通过“乾隆辛巳”和“逡巡十年”两句，可推知皇疏之入传应在乾隆三十六年，即 1771 年。

同时，通过翟氏所记可见他非常明了皇疏之学术价值，否则他不会和杭世骏“相与东望太息”，并且在得馈皇疏后又慨叹“不啻获珍珠船”；但是他并没有明言皇疏学术价值之确切所在。《四库全书总目·经部》“《论语义疏》十卷”条对此诠释如下：

今恭逢我皇上右文稽古，经籍道昌，乃发其光于鲸波鲛室之中，藉海舶而登秘阁，殆若有神物㧑诃，存汉晋经学之一线。俾待圣世而复显者。其应运而来，信有非偶然者矣。

“存汉晋经学之一线”这八个字才真正道出了皇疏在中国经学史上的地位和价值，以致后人论及皇疏必定征引四库馆臣此说。

这八个字究竟作何解释？

最早对之作出解释的当数日人武内义雄（1886—1966）。

武内氏曾经全面地校勘过皇疏，并完成《校论语义疏杂识》一文（收入江侠庵编译《先秦经籍考》，1990），文中这样写道：

根本本皇疏之输入，彼土之学士，盛讲究之。《四库全书提要》之作者有“汉晋经学之一线”，由此而存于今之称扬。其后从事于研究《论语》之人，殆无不参考之。……其（指阮元）门下邹伯奇、章凤翰、潘继李、桂文灿诸人，各作皇疏证十卷跋，又从皇疏中，辑江熙之解，编纂为《缉江氏集解》二卷（《续碑传集》七十五）。又马国翰从皇侃疏中，辑录郑玄、王朗、王弼、卫瓘、缪播、郭象、栾肇、虞喜、庾翼、李充、范宁、孙绰、梁觊、袁乔、江熙、殷仲堪、张凭、蔡谟、颜延之、释慧琳、沈驎士、顾欢、太史叔明、褚仲都、沈峭、熊埋诸家之说，复成六朝经学之佚书。此种《论语》古注，现今无传者，今乃断片的而再现之，大体上是由此书所留之恩惠矣。《提要》谓“汉晋经学一线”自此书而存者，即是故也。

武内氏一语中的，从辑佚学的角度揭示出通过皇疏可以部分地再现“六朝经学之佚书”。但是，皇疏究竟保存了“汉晋经学”多少资源？体现了哪些方面的特征？体现的方式又是怎样的？对此，武内氏却未明言。中国经学史的研究六朝部分异常薄弱，这当然有很多原因，资料的相对

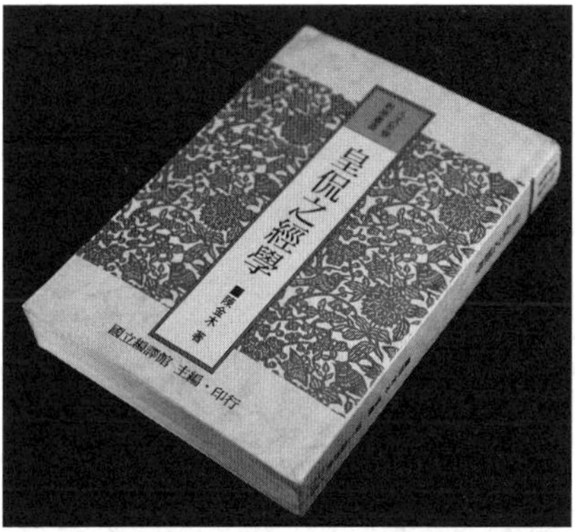

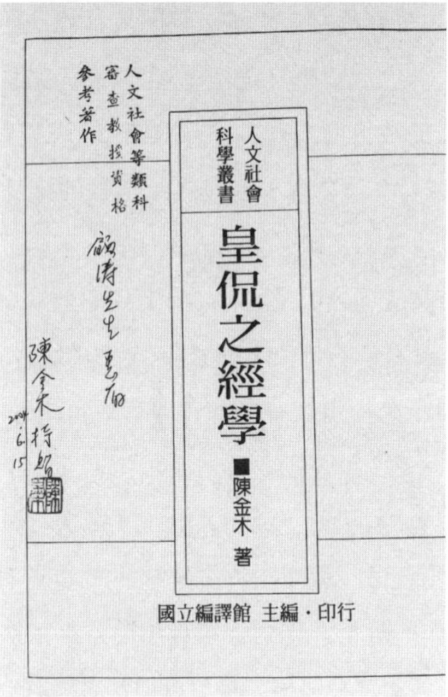
人文社會等類科
審查教授資格
參考著作

人文社會
科學叢書

皇侃之經學

■陳金木 著

國立編譯館 主編・印行

陈金木《皇侃之经学》（1995）书影与

陈先生签赠页

匮乏自无可否认，但是我们对现有的资料其实并未进行充分的开抉。本文拟从皇疏入手略作尝试，未谙之处尚祈方家正之。

皇疏之所以能部分地再现六朝经学之特征，主要是因为皇疏引证资料极其丰富。对皇疏征引之古注最早进行统计的是日人野口元子，其以怀德堂本为底本，共得47家（杉浦丰治《论语皇疏とその伦理》，1969），野口元子误将河上公《老子注》、扬雄《法言》、班固《汉书》、郭璞《尔雅注》、杜预《春秋左传集解》等阑入，数目亦与我之统计分歧较大。之后董季棠统计得41家，各家总数普遍少于我所统计的数目（《评论语皇侃义疏之得失》，《孔孟学报》第28期，1974）。陈金木《皇侃之经学》的统计最为全面细致，专设《论语义疏各篇引人统计表》，“据武内本与敦煌本之论语义疏，合而校之，统计其明引通儒解释，有姓名可稽者，计有李充等三十九家”，与我的统计稍有出入。今统计所得皇疏征引实有名姓者即有约40家，再加上文中标示的“一云”“一家云”“一通云”“或通曰”“旧说云”和“或问曰”“答曰”等泛引共计150多次，可以说引证部分占了皇疏三分之一以上的篇幅。此处重点对确有名姓的近40家作些分析，先列表统计于前，再依次考证各家史实，列举各家注释风格，最后以前贤之已有成果为例抉发这批资料对于研究汉唐经学发展史的价值。

二、辑佚

【凡例】

（1）此表人物顺序先列以朝代，生卒年次之，不明年代者列于该朝之后，朝代不明者奠以表末。

（2）表中将我和陈金木所统计的数目同时列入，以俟日后详探出入缘由。

（3）“马国翰氏辑佚节数”指清人马国翰《玉函山房辑佚书》（江苏广陵古籍刻印社影印清光绪楚南湘远堂刊本，1990）所辑《论语》类各家的小节数，下文简称《玉函》；其中有斜杠者，“/”前表示《玉函》引自皇疏节数，“/”后则包括《玉函》引自他书的节数。释文中引录《玉函》考释，均随文注出页码。

（4）备注栏中标注“出《集解》”者，指依皇侃《论语义疏叙》此家为晋人江熙《论语集解》所引。

朝代	注者	皇疏征引次数		著录情况		马国翰氏辑佚节数	备注
		笔者统计	陈金木统计	《经典释文序录》	《隋书·经籍志》		
汉	1范　升	1	无				
汉	2樊　光	1	1				
汉	3李　巡	1	无				
汉	4颖子严	1	1				
魏	5王　朗	4	2			4	

续表

朝代	注者	皇疏征引次数		著录情况		马国翰氏辑佚节数	备注
		笔者统计	陈金木统计	《经典释文序录》	《隋书·经籍志》		
魏	6 王　肃	3	3	《注》十卷	梁有注《论语》十卷，《论语释驳》三卷，均亡	2/46	
魏	7 王　弼	45	41	《释疑》三卷	《论语释疑》三卷	37/40	
晋	8 卫　瓘	12	12	《注》八卷	《集注论语》六卷	12/15	出《集解》
晋	9 缪　播	48	17+30		《论语旨序》三卷	15+29	出《集解》；亦作"缪协"
晋	10 郭　象	14	13		《论语体略》二卷；梁有《论语隐》一卷，亡	10	出《集解》
晋	11 蔡　谟	10	9			10	出《集解》
晋	12 栾　肇	12	11	《释疑》十卷	《论语释疑》十卷；梁有《论语驳序》二卷，亡	12	出《集解》
晋	13 庾　翼	1	1		梁有《论语释》一卷，亡	1	
晋	14 袁　乔	21	22	《注》十卷		19	称"袁氏"

续表

朝代	注者	皇疏征引次数		著录情况		马国翰氏辑佚节数	备注
		笔者统计	陈金木统计	《经典释文序录》	《隋书·经籍志》		
晋	15 孙 绰	38	37	《集注》十卷	《集解论语》十卷	32	出《集解》
晋	16 殷仲堪	10	9			9	
晋	17 范 宁	53	49			44	出《集解》
晋	18 李 充	68	66	《集注》十卷	注《论语》十卷；梁有《论语释》一卷，亡	52	出《集解》
晋	19 虞 喜	2	1		郑玄注、虞喜赞《论语》九卷，梁有《新书对张论》十卷	2	
晋	20 张 凭	14	14	《注》十卷	梁有注《论语》十卷，亡；《论语释》一卷	12	
晋	21 江 熙	101	98	《集解》十二卷	《集解论语》十卷	89	
晋	22 梁 觊	2	2	《注》十卷	梁有注《论语》十卷，亡	2	作“梁冀”
宋	23 颜延之	20	13+7			16	又称“颜特进”

续表

朝代	注者	皇疏征引次数		著录情况		马国翰氏辑佚节数	备注
		笔者统计	陈金木统计	《经典释文序录》	《隋书·经籍志》		
宋	24 释惠琳	5	1+4			4	又称“琳公”
齐	25 沈驎士	7	6			7	称“沈居士”
齐	26 顾　欢	8	7			8	
齐	27 贺　玚	6	4				称“师说”
梁	28 太史叔明	2	2		梁有《集解论语》十卷，亡	2	
梁	29 褚仲都	1	1		《论语义疏》十卷	1	
梁	30 熊　埋	7	7			6	
?	31 刘　歆	1	1				
?	32 沈　峭	1	无			1	
?	33 张封溪	1	1				
?	34 季　彪	2	2				
?	35 苞　述	2	2				
?	36 陆特进	1	3				
?	37 江　长	1	无				
?	38 秦道宾	1	1				
?	39 释不直	0	1				非人名

三、考释

〔1〕范升，字辩卿，代郡人，东汉光武帝建武二年（26）拜议郎，迁博士，永平以后卒。此《微子》篇所引一节吴承仕《经典释文序录疏证》（1984）疑其“恐非范辩卿义”。

〔2〕樊光，京兆人，东汉中散大夫，曾注《尔雅》。然吴承仕《序录疏证》云：“汉之樊光不注《论语》，文亦不类，当别为一人。”

〔3〕李巡，汝南人，东汉灵帝时为中黄门，曾注《尔雅》（《后汉书·宦者吕强列传》）。《乡党》此句皇疏所引直承《尔雅》，自可确认此人必为后汉高宦。

〔4〕颖子严，即颍容，字子严，陈国长平人，东汉献帝时人。《后汉书·儒林列传》载其卒于建安中。著有《春秋左氏条例》。汉郡颍川之颍，传本多作颖，两字均喻纽耕部字，音同形亦近。《正字通·禾部》载：“颖，姓。《左传》颖考叔。汉颖容，著《春秋条例》五万余言。”

〔5〕王朗（？—228），本名严，字景兴，谥曰成侯，东海郯人，魏文帝时官至御史大夫，封安陵亭侯，后改为司空，进封乐平乡侯，魏明帝时进封兰陵侯，曾为《易》《春秋》《孝经》《周官》作传（《三国志·魏书·王朗传》及裴注）。其注《论语》未见著录。《玉函》云：“岂当日实有著述，史偶佚之耶？……或者肃传父业，如续《易传》

之类，朗说见肃书，侃及见而称之欤？姑仍皇题列一家，名叙子雍（即王肃）之上，藉以见家学渊源云。”（第328页）皇疏征引4条，李振兴《王肃之经学》（1980）亦曾辑录，与本文同，陈金木统计《公冶长》篇缺1节，《述而》篇缺2节，又多出《雍也》篇1节。

〔6〕王肃（195—256），字子雍，谥曰景侯，东海郯人，历任散骑黄门侍郎、侍中、太常、中领军，加散骑常侍。曾为《尚书》《诗》《论语》《三礼》《左氏》解，并撰定父朗所作《易传》（《三国志·魏书·王朗传》）。其注《论语》《玉函》另据何晏《集解》等共收46节，其中2节取自皇疏，并评之曰：“肃好攻驳康成，往往强词求胜，前儒多非之。然其说‘管仲不死纠难，以为君臣之义未正成’实有特识。乃知古人拔帜自树一垒，以与往哲角敌者，夫岂漫无挟持哉？”（第330页）李振兴《王肃之经学》据之逐条作出考释，并与马融、郑玄注进行对比。

〔7〕王弼（226—249），字辅嗣，山阳人，任尚书郎。注《易》及《老子》等（《三国志·魏志·钟会传》及裴注）。其《论语释疑》皇疏征引45节，楼宇烈辑录所得与本文相合（《王弼集校释》），陈金木统计《学而》《述而》篇各缺1节，《为政》篇缺2节，《玉函》所辑虽数目少8条，实仅《宪问》篇缺1节，其他全合，并云其注“浮虚惝恍，老庄绪言。观前人论弼《易》，何劭云‘不识物情’，孙盛云‘妙赜无闻’，程子云‘元不见道’，朱子云‘巧而不

明’。此之释论毋亦与注《易》等乎？……［其释］与诸家殊别，虽非确训，颇广异闻。”（第 337 页）戴君仁指出：“王弼是清谈的祸首……而在经学上混同儒道的风气，也是他开的。”（《皇侃论语义疏的内涵思想》，1971）汤用彤更有云：“《论语释疑》之作，其重要又不专解滞释难，而更在其附会大义使与玄理契合。”（《魏晋玄学论稿》之《王弼之〈周易〉、〈论语〉新义》，1957）

〔8〕卫瓘（220—291），字伯玉，谥曰成，河东安邑人，三国魏时为尚书郎，西晋时拜尚书令，加侍中，后迁司空，卒封兰陵郡公（《晋书·卫瓘传》）。其注《论语》各家统计一致，然《玉函》所辑最后 1 节当为《卫灵公》篇疏文，误入《宪问》篇。

〔9〕缪播（？—309），字宣则，东海兰陵人，晋怀帝时为给事黄门侍郎，转侍中，徙中书令（《晋书·缪播列传》）。其注《论语》陈金木统计得 17 条，《卫灵公》篇缺 1 节，《玉函》所辑《雍也》缺 1 节，《阳货》缺 2 节。另外，皇疏所引缪协者正乃缪播之误，武内义雄《论语义疏校勘记》曾因史书未载“缪协”，并在得到诸种版本或作“播”或作“协”的依据之后，推断如下：“疑《疏》中所引缪协皆缪播之讹。‘播’字旧钞本或从‘忄’，‘番’古文作‘釆’，或作‘丂’。盖旧本‘播’或作‘㤁’，字形与‘协’相似，故‘播’误为‘协’欤！”此校版本、字形依据充分，讹误缘由明晰，今从之。皇疏所引又有“缪

协称中正曰”2节，“缪协称袁氏曰”1节，《玉函》以“中正”即“缪协”，其云：“书中引‘中正’二条，称官而不名，盖必素所尊礼者，惜亦不能详考为谁氏矣。”（第350页）吴承仕《序录疏证》则云：“盖中正为爵号，自有其人，缪协称之，皇氏又转引其说也。《疏》例若此者多矣，马氏谓‘中正’即缪协，失之。”本文统计计入“缪协称中正曰”2节，不计“缪协称袁氏曰”1节。就题作“缪协”者，《玉函》所辑虽数目少1条，实全合；陈金木统计总数目与本文相同，然其《统计表》中各篇所列具体数字则出入较大。于缪注之风格，江淑君有所察，断言缪氏“援道入儒的玄儒特性当是无可疑议的”（《魏晋论语学之玄学化研究》，台湾师范大学博士论文，1998）。江文分缪播、缪协为两家，然对两家风格之认定则完全一致。

〔10〕郭象（252？—312），字子玄，河南人，辟司空掾，迁黄门侍郎，为太傅主簿（《晋书·郭象传》）。有《庄子注》传世。其注《论语》陈金木统计《为政》缺1节，《玉函》所辑虽数目少5条，实全合。郭氏所注“把孔子老庄化，那是袭王弼的故智”（戴君仁《皇侃论语义疏的内涵思想》），然“王弼以玄理玄智阐发《老子》义蕴，郭象以玄理玄智阐发《庄子》义蕴。两人的学术基调皆以玄趣为旨归，一个在《老》学兴盛的正始时期，一个在《庄》学兴盛的元康时期。两人以玄学家的身份面对《论语》，因着‘儒道会通’的时代课题，发展出一种玄儒交错的《论

语》学风貌，以因应新时代新思潮的特色，并进而影响整个魏晋时期《论语》学的建构”（江淑君《魏晋论语学之玄学化研究》）。王、郭《论语》注堪资专项比较。

〔11〕蔡谟（281—356），字道明，谥曰文穆，陈留考城人，晋康帝时官至左光禄大夫、开府仪同三司，领司徒，后迁侍中、司徒。博学，于礼仪宗庙制度多所议定。有集行于世，为《汉书》集解（《晋书·蔡谟列传》）。其注《论语》陈金木统计缺《叙》1节。

〔12〕栾肇，字永初，晋时太山人，太保掾、尚书郎，为《易论》（《经典释文序录》）。其注《论语》陈金木《皇侃之经学》统计《公冶长》篇缺1节（《论语义疏各篇引人统计表》中“栾肇”列中误将数目从《为政》至《颜渊》依次上移一格）。

〔13〕庾翼（305—345），字稚恭，谥曰肃，颍川鄢陵人，官都督江、荆、司、雍、梁、益六州诸军事、安西将军、荆州刺史等，卒赠车骑将军（《晋书·庾亮传》）。其注皇疏仅《先进》篇征引1节，此节“文笔秀整，大似论体，岂其摘取发挥，似后世制义耶”（《玉函》，第361页）。江瀚有言：“自王辅嗣以来，诠释典籍，渐失汉人注经之法，往往畅发大义，议论繁复，不独稚恭一人已也。”（《续修四库全书总目提要·经部》“论语庾氏释”条）

〔14〕袁乔（312—347），字彦升，一字彦叔，谥曰简，陈郡阳夏人，曾任江夏相，官至龙骧将军，封湘西伯，

卒赠益州刺史（《晋书·袁瑰列传》《世说新语·言语》）。皇疏《序》云江熙集“晋江夏太守陈国袁宏，字叔度”一家，《玉函》证“乔”“弘（即宏）”即为一人：“……‘宏’必为‘乔’字之误。盖乔字‘彦叔’，‘彦’‘度’形似而讹，后又倒文作‘叔度’，又宏字彦伯，乔字彦叔，同为陈郡人，传者不察，因而误‘乔’作‘弘’。又考乔尝为江夏相，本传载之，此云江夏太守，亦因乔官江夏而失之，初与袁宏无与也。”（第383页）然清人丁国钧撰、丁辰注《补晋书艺文志》于“论语注　袁宏”条下则云：“马说不可信。然乔字彦叔亦不字叔度，则仍未能吻合也。疑此字叔度者当时别有其人，非本书（指《晋书》）列传之袁宏，俟更详之。”（《二十五史补编》）吴承仕《序录疏证》引录《玉函》所言并申之曰：“皇氏引诸家说多称名号，无单言氏者，唯引袁说独称氏。疑皇氏述江熙《集注》时已不审知，且以彦伯当之，非后人传写之讹。又《为政》篇‘人而无信’《疏》云‘江熙称彦升’云云，按：‘升’即‘叔’字隶体之讹，彦叔为袁乔字，然则江氏《集注》所引正袁乔义也。江熙引之，或称‘袁氏’，或称‘彦叔’，皇氏不知其为一人，所以致误。”合观马、吴之论，皇疏所言袁氏、袁宏当即为袁乔。本文统计包括《述而》“缪协称袁氏曰”1节。

〔15〕孙绰（314—371），字兴公，太原中都人，官至廷尉卿，领著作郎（《晋书·孙楚传》）。《玉函》所辑虽数

目少6条，实仅《八佾》篇缺1节，其他全合；陈金木统计《公冶长》篇缺1节。《玉函》云："此注蕴味洪深而词饶清丽，晋客吐属别有一种风韵。"（378页）

〔16〕殷仲堪（？—399），东晋陈郡人，曾任都督荆、益、宁三州军事、振威将军、荆州刺史（《晋书·殷仲堪传》）。其注《论语》不见著录，唯皇疏有称引。《玉函》所辑虽数目少1条，实合，陈金木统计《先进》篇缺1节。《玉函》云殷氏"其人盖笃信道流而于以清谈自喜者"（397页），江瀚亦称其注"全异旧说，实非圣人立言之本旨也。……盖长于老庄之玄谈，不宜于说经也"（《续修四库全书总目提要·经部》"论语殷氏解"条）。

〔17〕范宁（339—401），字武子，南阳顺阳人，官至临淮太守，封阳遂乡侯，拜中书侍郎，后为豫章太守。著《春秋穀梁传集解》（《晋书·范汪列传》）。其注《论语》不见明确著录，然据皇疏，江熙《论语集解》即有称引，皇疏及裴骃《史记集解》亦均有称引，晁公武《郡斋读书志》疑《隋志》之范廙《论语别义》十卷、两《唐志》之《论语剔义》即为其书。《玉函》所辑虽数目少9条，实全合，陈金木统计《里仁》《公冶长》篇各缺2节。范注"不苟随俗，能发前人所未发。其他训诂亦具有典则。盖武子一代经师迥异清谈之士"（《玉函》，第373页）；"既不涉于玄谈，而又立谊矜重，晋人所注难其选矣"（《续修四库全书总目提要·经部》"论语范氏注"条）。

〔18〕李充，字弘度，东晋江夏人，官至大著作郎，累迁中书侍郎。注《尚书》及《周易旨》六篇，《释庄论》上下篇，诗、赋、表、颂等杂文二百四十首（《晋书·李充列传》）。其注《论语》陈金木统计《述而》《子路》篇各缺1节，《玉函》所辑数目虽少16条，实仅《里仁》篇缺1节，其他全合。江淑君认为李注“虽欲以本末会通儒道，仍偏向《老》《庄》之学，故以《老》《庄》为本”。

〔19〕虞喜，字仲宁，晋时会稽余姚人，数征不就，年七十六卒。专心经传，兼览谶纬，著《安天论》，释《毛诗略》，注《孝经》，为《志林》三十篇（《晋书·儒林列传》）。皇疏所引陈金木统计《乡党》篇缺1节。

〔20〕张凭，字长宗，东晋吴郡人，官至吏部郎、御史中丞（《晋书·张凭列传》）。《玉函》所辑数目少2条，实仅《微子》篇缺1节，并云：“［张注］以经诂经，能得圣人言外之旨，其他粹义多类是。史称凭为‘理窟’（见《世说新语·文学》），即此断简残编犹想见覃研力索时也。”（第399页）

〔21〕江熙，字太和，东晋济阳人，曾任兖州别驾（《经典释文序录》）。此处统计仅据皇疏征引江氏自言者，江氏集解其他诸家不计入。《玉函》所辑《子罕》《卫灵公》《微子》篇各缺1节；陈金木统计《学而》《述而》《宪问》《微子》篇各缺1节。江淑君指出：“江熙对《论语》的注解，杂糅玄理之处，亦属意料中事。其所集十三家

《论语注》中，被皇侃义疏所征引者，亦大半掺杂玄旨。”

〔22〕梁觊，东晋天水人，曾任国子博士（《经典释文序录》）。皇疏征引其所注《论语》各家统计一致，作“梁冀”，《玉函》云：“‘冀’与‘觊’音相同，义亦相近，故通用之，非汉之跋扈将军也。恐混观者之目，故仍依隋、唐《志》改从‘觊’。”（第383页）今从之。

〔23〕颜延之（384—456），字延年，谥曰宪子，琅琊临沂人，南朝宋时官至金紫光禄大夫，卒赠散骑常侍、特进（《宋书·颜延之列传》）。今存《颜光禄集》等。皇疏所引颜注数目各家一致，《玉函》所辑虽少4条，实全合；陈金木分颜延之（13节）和颜特进（7节）两家，且偶误作“颜时进”，实当合并。“特进”乃颜延之所赠官衔，犹“陆特进”亦是。简博贤《今存南北朝经学遗籍考》（1975）评之曰：“延之遗说，今可考者，大抵晓畅平实。”“其书多属说义，殊少解字。”“盖南士多佞佛而好玄；熏沾时俗，固所不免也。然通观佚文，虽皆随文衍义，要非二氏余绪也。”

〔24〕释惠琳，名或作慧琳，秦郡秦县人，姓刘氏，少出家，以文论名世，宋文帝时曾参权要，议朝事。尝注《孝经》《庄子·逍遥游》，又作《均善论》（《宋书·夷蛮列传》）。《玉函》所辑缺《八佾》篇1节，陈金木统计分成释惠琳（1节）和珊琳公（4节）两家，实当合并；且皇疏仅《公冶长》1处称“珊琳公”，其余三处均单称“琳

公”，珊或为梵语音译。《玉函》评之曰：“其人盖释而儒者也。……说甚新巧有思致。夫六朝风尚文人学士莫不佞佛而皈依梵教者；乃欲托儒业以显名，亦可谓乡党自好者已。虽非醇旨，可以恕论，唐诗皎然论僧曰‘忍俊吾于此卷’亦云。”（第 407 页）简博贤谓之“亦摅词平实，有儒者之思致。然释而入儒，固非纯儒也”，“夷考遗文，洵非醇旨也”（《今存南北朝经学遗籍考》）。

〔25〕沈驎士（418—503），名或作麟士（《南齐书》作驎，《南史》作麟），字云桢，吴兴武康人，隐居讲经教授，南朝宋、齐间多次征召未就。著有《周易两系训》《庄子内篇训》，注《易经》《礼记》《春秋》《尚书》《论语》《孝经》《丧服》《老子》要略数十卷（《南齐书·高逸列传》《南史·隐逸列传下》）。陈金木统计《学而》篇多 1 节，《为政》《里仁》各缺 1 节。《玉函》评之曰：“其说亦涉元宗，而文笔清俊可喜。”简博贤则曰：“国翰谓其涉玄宗，似矣。然通观全文，词旨妥帖，说义明畅；固不必执以为疵也。”“麟士博通经史，以笃学为务。故发为辞说，多有理致。”

〔26〕顾欢，字景怡，一字玄平，南朝宋、齐之际吴郡盐官人，齐永明元年（483）为太学博士，年六十四卒。欢口不辩，善于着笔，著有《三名论》等，注王弼《易二系》（《南齐书·高逸列传》《南史·隐逸列传上》）。陈金木统计《公冶长》篇缺 1 节。《玉函》谓顾注“语涉冲元，聃周余绪。史称欢著《夷夏论》，党于道教，又尝注《老

子》行世，心游惝惚，自不觉言，近支离也。然清辨滔滔，其味隽永，裒辑成帙，作六朝制义观可尔”（第 411 页）。简博贤云：“夫自魏末何晏、王弼之徒，竞为清谈，祖尚虚无；于是儒者说经，每援释入儒，以老解经；于是六经为糟粕也。”“顾欢本之（指何晏），以伸无欲之说，而造全空为圣，每虚称贤之论；亦老氏遗绪，非吾儒之旨也。”

〔27〕贺玚（452—510），字德琏，会稽山阴人，南朝梁时官至步兵校尉，领五经博士。贺氏尤精于《礼》，著《礼》《易》《老》《庄》讲疏，《朝廷博议》数百篇，《宾礼仪注》（《梁书·儒林列传》）。皇侃少时即拜贺氏为师，故著中征引尊称“师说”。陈金木统计《叙》《雍也》篇各缺 1 节。

〔28〕太史叔明（475—547），吴兴乌程人，少善《老》《庄》，兼通《孝经》《论语》《礼记》，尤精三玄，历官国子助教（《梁书·儒林列传》《南史·儒林列传》）。皇疏征引其注 2 节，各家一致。《玉函》评其曰：“语涉冲虚，出入释氏，与王弼、郭象二家相近。听从者众，亦当代风趋然也。”（第 414 页）简博贤亦云“其说玄虚入微，有漆园之风”。

〔29〕褚仲都，南朝齐、梁时吴郡钱塘人，善《周易》，梁天监中历官五经博士（《梁书·孝行列传》）。江瀚考之云：“梁、陈撰《论语义疏》《讲疏》者，梁有褚仲都、皇侃二家，陈有张冲、徐孝克二家。徐书阙佚最早，张书

亦亡，皇疏近由日本传出，而褚书亦不见。……然唐《日本国见在书目》载有褚疏，卷数与史志合。”（《续修四库全书总目提要·经部》“论语褚氏义疏”条）现仅从皇疏《雍也》篇可见1节，“吉光片羽，益以罕而可珍矣”（《玉函》，第415页）。简博贤谓其“平实可据，不作玄虚语”，“然犹是平叔余绪”（《今存南北朝经学遗籍考》）。

〔30〕熊埋，生平不详。《玉函》推论作“熊理”，其云：“考《唐艺文志》杂家有熊理《瑞应图赞》三卷，《南齐书·祥瑞志》引‘熊襄’说。襄与理义类相叶，疑熊氏一人理名而襄字，解《论语》者或即其人，而皇疏偶缺笔，遂误理为埋耳，书以俟考。”（第417页）所辑虽数目少1条，实合。

〔31〕刘歆，生平不详，应非西汉之刘子骏，皇氏当不致听闻早其近五百年之西汉人语，史乘亦无载子骏注《论语》。吴承仕《序录疏证》云：“或与子骏同名，或为形声之误。”戴君仁断言：“当然不会是汉之刘歆，《宋书·武三王传》有一刘歆，恐亦非此刘歆，皇疏所引，不知所从出。”（《皇侃论语义疏的内涵思想》）

〔32〕沈峭，生平不详。《玉函》疑其人即梁人沈峻，其云：“梁有沈峻，字士岂，吴兴武康人，史称其好学，与舅太史叔明事宗人沈驎士门下，驎士卒乃出都遍游讲肆，博通五经云云。江左经师唯峻名最著。峭疑峻字传写之误，否亦峻之族也。”（第416页）皇疏仅《为政》篇征引1节，

陈金木缺录此人。

〔33〕张封溪，生平不详，吴承仕《序录疏证》推测曰：“‘封溪’似字，然古人作字，无此体例。寻《隋志》云：‘梁有宋司空法曹张略等撰《论语疏》八卷。’封、略义相应，疑皇所引者张略义也，而‘溪’字则为传写之讹。”

〔34〕季彪，生平不详，吴承仕《序录疏证》云：“《泰伯篇》‘舜有臣五人’章引季彪《难》，有‘彪以为’云云，则季姓彪名可知。”

〔35〕苞述，生平不详。吴承仕《序录疏证》云：“《先进》篇‘南容三复白圭’章《疏》引‘苞述云：“南容深味白圭，拟志无玷，岂与缧绁非罪，同其流致。”’玩其文制，当是六朝间人，其非包咸可知。此引‘苞述’，或为人名，或为后儒述包义，因曰‘苞述’，未能质定。”

〔36〕陆特进，生平不详。武内义雄《论语义疏校勘记》与吴承仕《序录疏证》并称“陆特进”当即“颜特进”之讹，然未出示明证。

〔37〕江长，生平不详，待查。

〔38〕秦道宾，生平不详，待查。

〔39〕释不直，陈金木误作人名，实为串释用语。此例为《述而》篇“子所雅言”章“《诗》《书》、执《礼》”句何集郑玄注“礼不诵，故言执也”，皇侃疏注云：“释不直云“《诗》《书》《礼》”，而《礼》上长云“执”之义也。”此“释不直云”即“［郑注］解释不直接说［……

的原因]”。

以上各家，究竟是皇氏亲见其注文，抑或接闻于他书，究竟是此家确曾注过论语，抑或仅偶为片言，实难一一考定。对此，我认为不妨暂以史籍著录者为准，史乘无载者仅唤作“某人言”，不必确指为“某人《论语》注”。另外，对皇疏泛引的 158 条材料，限于篇幅拙文不再详作释论。

四、汉宋

晚清皮锡瑞《经学历史》一书确立了中国经学史研究的基本格局，皮氏所言“经学盛于汉，汉亡而经学衰”的论断几乎成为学界之共识。究其主要原因大概是因为汉唐之间经学著述材料传世者甚为有限，除何晏《论语集解》、王弼《周易注》、杜预《春秋左传集解》和范宁《春秋穀梁传集解》等少数几种外，几散佚殆尽。治经学史者大都从传世史籍中搜罗剔抉，或由后世言传中稍事推衍，由此旁探六朝经学研究之风气，而对于诸如皇侃《论语义疏》等所保留如此丰富的原始资料却较少参酌。

较早利用皇疏征引旧说研究六朝经学发端于 20 世纪 30 年代中期，冯友兰、张恒寿、吴恩裕三位先生可为代表。冯著《中国哲学史》下册（1934）总称两汉至清代为“经学时代”，上承先秦“子学时代”，其间辟专节介绍“何晏、王弼及玄学家之经学”，从皇疏中引录沈居士（《为政》1条）、孙绰（《为政》1条）、郭象（《先进》《宪问》各1条）、顾欢（《先进》1条）、太史叔明（《先进》1条）共6条材料论证“以道家之学说，释儒家之经典，此玄学家之经学也”之结论。张恒寿撰文举证凡17条以“知六朝人疏解儒经，不嫌比附佛说，且以能融合孔、佛相尊尚”，其中引自皇疏者计13条，含王弼（《阳货》1条）、庾翼（《先进》1条）、顾欢（《先进》1条）、太史叔明（《先进》1条）、殷仲堪（《子罕》1条）、江熙（《微子》1条）、孙绰（《述而》1条）及皇氏自疏语6条。张文继而将儒经注疏所受之佛学影响分为五类：“佛学名词之引用”“佛典论证语句之模仿”“佛经疏解方法之采用”“佛教教义传说与儒书之牵合”“佛教学理与儒家学说之杂糅”（《六朝儒经注疏中之佛学影响》，1936）。吴恩裕则立足于皇疏注释，分析六朝人对孔子为人及其学说之解释与孔子精神之本相不合，并指出这是六朝人以老庄释孔的结果。吴文引录皇疏原文达33条，内含贺玚（《雍也》1条）、孙绰（《公冶长》《为政》各1条）、郭象（《先进》《阳货》《宪问》各1条，《为政》2条）、缪协（《先进》1条、《子罕》2条）、顾欢（《先进》1条）、李充（《宪问》《雍也》《泰伯》《为政》各1条）、江熙（《宪问》1条）、太史叔明（《先进》2条）、王弼（《阳货》《为政》各1条，《泰伯》2条）、张凭（《泰伯》1条）、沈居士（《为政》1条）、又一通（《先进》1条）、颜特进（《先进》1条)、殷仲堪(《泰伯》1条)及皇氏自疏语5条(吴氏早年于清华大学哲学系求学时撰成《六朝人心目中之孔子》,1936,收入葛兆光选编《学术薪火》,1998)。应该说,三位先生探赜索隐,剔抉发微,对于六朝经学史研究的深入作出了很好的范例,可惜后世能附骥者甚少。

40年代以后对皇疏中所体现之经学玄化和佛化等特征进行研究者亦间有其人,此可以戴君仁、董季棠、简博贤、侯迺慧等四位先生为代表。戴先生《皇侃论语义疏的内涵思想》检举出皇疏32条玄言疏语,包括所引王弼等12家,并逐家进行检讨。董先生《评论语皇侃义疏之得失》(《孔孟学报》第28、29期,1974、1975)第一次全面评价了皇疏的优缺点:优点是博采众说,疏释精当,阐述周详,文辞佳美,详于典实;缺点是以佛家、道家、阴阳五行之说解经,所解怪异不经、繁琐冗杂、牵强不适。董文引证材料丰富,析论精密,发明良多。简先生《今存南北朝经学遗籍考》第四章"南北朝论语孝经学"第一节讨论"论语玄说之风尚",下列释慧琳论语说、沈麟士论语训注、顾欢论语注、皇侃论语义疏、太史叔明论语集解、褚仲都论语义疏等六家,依次例析各家所受玄风,第二节讨论"魏晋玄风下之朴学",列有颜延之论语说。侯先生《皇侃论语义疏中玄学思想之评论》(1986)特就皇疏中之玄学思想,包括道家思想、佛家思想、阴阳五行三个方面,进行了剔抉和评论。四位先生的成果均发表在中国台湾,他们共同认识到皇疏以玄言释儒“是其所处时代的全面辐射”，并举疏语（间有征引材料）论释阐发，然四位均立足于汉代以来正统之儒家观点，一致认为“援佛道玄虚之语以说经解经，实为皇侃论语义疏最大之缺失。如此离经自创新说或附会牵强，亦为一注疏家至大之忌讳”（侯迺慧语）。

大陆学者在关注魏晋玄学的过程中亦涉及皇疏的部分资料。如汤用彤在研究著名玄学家王弼时特别注意到他的《论语释疑》，王氏此著早已佚失，现残存内容绝大部分辑自皇疏，汤特别写就专文讨论及此（《魏晋玄学论稿》之《王弼之〈周易〉、〈论语〉新义》，1957）。80年代以后，汤一介秉承父旨，在研究另一位玄学家郭象时对保留在皇疏中的郭氏《论语体略》又一次进行了全面的论析（《郭象与魏晋玄学》，1983）。汤氏父子开辟了一条研究魏晋“玄儒双修”之特定士风的道路。

在对中国经学史尤其是汉唐阶段缺乏深入研究，对汉唐经学发展脉络缺少清晰把握的前提下，将皇疏所呈现出来的玄化和佛化等特征轻易地归为其缺点或失误（如上述四位中国台湾学者）是大可不必的。因为明确的价值判断往往会影响研究的客观性和精深度。如果把皇疏所呈现出来的若干方面当作六朝《论语》学或经学的独有特征，对被引条目逐家作出细致的考察（包括泛引条目），并结合被引者现存的其他著述合而观之（可参闫春新《李充〈论语〉注简论》，2003），当可以从中窥探得汉末至齐梁间经学史、思想史发展的一个侧面。这正是我意在重申并诠释四库馆臣所谓皇疏“存汉晋经学之一线”说的真正用意。如果继而能够对皇引各家进行深入比较，其间风格亦有同有异（范宁注“立谊矜重”、颜延之注“晓畅平实”即与他家明显不同），进而往上与两汉经学（可以郑玄《论语郑氏注》为代表），往下与唐宋经学（可以邢昺《论语正义》、朱熹《论语集注》为代表）进行对比，则不难勾勒出中国经学由汉学转向宋学的历史辙痕。在通盘考察过皇疏之后，侯迺慧曾经指出：“其（指皇疏）会通儒释道之努力，实为后代宋儒提供一个清新而深具潜力的开发方向。宋儒即在汉魏六朝的错误尝试与开垦中，渐次得到启示，终于从汉代着重典章制度、名物训诂的经学特色中，走出一条另具精彩的义理道路，使中国经学史更具丰富姿采，也使中国经学的内涵更深潜饱满。”我与侯先生颇有同感，皇疏之价值恐怕远远超出四库馆臣“存汉晋经学之一线”的估价，皇疏已然架起了贯通汉、宋经学之桥梁。

2003 年 12 月初稿，南大鼓楼

2005 年 12 月修订，蠡湖故里

刊于《传统中国研究集刊》第 3 辑（2007.11）

义疏学问答体五种参证引言

一

皮锡瑞（1850—1908）倡为“汉亡而经学衰”之说，自1907年后，“统领学界已整整一个世纪了”，由此造成的直接后果便是学界对六朝经学的研究极为欠缺，这一时段很可能是经学史上研究最不足的。其实，皮说完全站不住。此前，我曾就“六朝人礼学极精”的问题，以何佟之与梁礼修纂为切入口，做过一次全新的开掘（拙文《重新发掘六朝礼学》，2017），宗旨是要条理汉唐制度因革中所透射出的丰富的经学思想，在典章制度的建构与流变中经学得以发挥出巨大的经世价值。拙文的学术框架是由《通典·礼典》所奠定的，也就是在我看来《通典》（甚至《通志》二十略、《文献通考》）所代表的中古制度构建经典著作与六经中所蕴含的制度精义一脉相承，也就是钱穆（1895—

1990）所称的，《通典》是一种通经致用的“活经学”。此前，只有邓国光（《杜佑〈通典〉的经学本质》，2003）、甘怀真（《中国古代的周礼国家观与〈通典〉》，2008）等极少数学者就此做过一些常识性开掘，最近香港中文大学刘璐的博士学位论文《〈通典〉经学思想研究》（2017），预示着这一学术道路的全面开拓已提上议事日程。

皮氏“中衰说”不攻自破的另一条路径，是义疏学在六朝隋唐的兴盛壮大，由此使经学义理、传经方式及辐辏场域等均发生明显转变，其所标志的经义研析的繁盛程度，决不亚于两汉。对此，清人的认识是比较充分的。比如黄承吉在《春秋左氏传旧注考正序》（徐世昌编《清儒学案》卷二十四《白山学案》）详论义疏体例，即曾指出：

> 西汉传经，主于诵习章句而已……逮后汉广为传注，然后语必比附经文……至魏、晋而解义大备，此既传后经学之宗会也。洎宋、齐以降，则多取儒先传注，条紬缕绎，各骋辨释，而疏学以兴。浸及于隋，撰著弗辍，此既解后经学之要归也。盖古者征实之诣，至是而大具矣。……然人知《正义》功在贞观，而不知此学之贯穿明赡，萃于南朝，执守精专，又盛于河北。当时南北分途讲学，及会归隋氏，二刘实经学之大宗。

黄氏显然是把两汉传注、魏晋解诂、南北朝义疏并列为经学史上的三座高峰，甚而至于，就“征实”的程度而言，在黄氏看来义疏的水平要超过汉晋。难怪诸如孙诒让会发出“群经义疏之学，莫盛于六朝；皇、熊、沈、刘之伦，著录繁夥”（《刘恭甫墓表》，《籀庼述林》卷九）的论断。孙氏之语代表了19世纪后期学术界对义疏的普遍认识，到了20世纪却因皮锡瑞说起，认识转微，研究趋于冷寂，难怪桥本秀美（即乔秀岩）要说“清人真正研究义疏的实质内容，应该以刘文淇《左传旧疏考正》为先锋，而后继无人”（《义疏学衰亡史论》“三联版编后记”，2017）。

日本学界在20世纪对“义疏学”的研究是颇有一些推进的。推进的主要原因是日本未间断地传抄、刊刻着皇侃《论语义疏》，此外更是发现了《讲周易疏论家义记》《孝经述议》《礼记子本疏义》等三种六朝义疏学著作的残本。此四种在中国本土均已亡佚，虽然皇疏的根本逊志校刊本在乾隆三十六年（1771）已传回中国，但是其他三种残卷却要迟到2010年以后才逐渐在中国学界亮相。《讲周易疏论家义记》有黄华珍释文本（《日本奈良兴福寺藏两种古钞本研究》，2011），《礼记子本疏义》有华喆校录本（《中国典籍与文化论丛》第14辑，2012，修订本收入《礼是郑学》，2018），《孝经述议》的林秀一整理本，有顾迁编订本（《孝经述议复原研究》，2016），故而此前的研究成果主要分布在日本。大正十一年（1922），为纪念孔子逝世2400年，大阪怀德堂倡议校印《论语义疏》，推举讲师武内义雄任其事，由此开启了日本学界对六朝义疏的研究征程。40年代，林秀一系统校理《孝经述议》，在1953年的博士论文中明确对经学史上的“义疏学”阶段作出界定：

> 六朝至隋唐时期，兴起了对经书的注或传进行再次注释的烦琐学问。这种对注的注释，叫作“义”，又叫作“疏”；这种学问，叫作“义疏学”。六朝以后的经学，以经书的注或传为范围，分析其意义，通过研究、批评、讨论，互相影响、淘汰，经过提炼、累积而成。义疏学不仅体现六朝至隋唐经典解释的特点，也作为中国人复杂多样的思考形式，可说是在中国精神史上，颇为珍贵的思想遗产。（《孝经述议复原研究·解说》）

林先生特别作注指出：“这一部分的内容，主要据吉川幸次郎译《尚书正义》第一册‘译者序’。”也就是说，这一段的概括并非林先生自己的学术贡献。其实，我们从上列清人的论断便可见，这是中国本土一贯的认识，不过到了林先生明确将这种学问命名为“义疏学”。更进一步，林先生将义疏学到隋唐以后的发展描述为：

然而让义疏学达到研究的顶峰，却又体现义疏学思维局限的，就是唐孔颖达等作撰《五经正义》。……这种统一逐渐造成对言论自由的压抑，限制思考的方向，让经学走向衰竭。

“经学统一时代”本是皮锡瑞论述隋唐经学的标题，不过，进而推论统一“让经学走向衰竭”应该是林先生的创见。也就是说，林先生将皮氏所认定的“中衰”在时段上往后拉，认为《五经正义》所代表的是“经学走向衰竭”。林先生这一创见经由桥本秀美的博士论文《义疏学衰亡史论》（2001）得以强化与彰显，当然桥本也给予了较为详细的举证。我们从桥本先生的举证范围来看，正是《五经正义》（主要在《左传》和“三礼”），再加上《论语义疏》及《礼记子本疏义》和《孝经述议》，可见童岭指出“域外汉籍领域可以部分地解决国内义疏学史料缺乏的困境”（《六朝隋唐汉籍旧钞本研究》，2017），是有现实基础的。桥本先生全书的主要观点可于其日文本书末的“内容提要”概见之，比如其云：“《论语义疏》之内容大都因袭先儒旧说，皇侃创说者甚少。”又云：“其后孔颖达、贾公彦则已无创造新说之能力，多沿袭旧说而已。”（《义疏学衰亡史论》，白峰社，2001）由此自然可以论证其标示的“衰亡”说，而且从皇侃一直到孔、贾，均难脱“无创新”这一特征，可见桥本的观点较林秀一而有过之，是皮锡瑞迭加林秀一的结果。

从武内义雄到林秀一到桥本秀美，虽然在史料上依托日藏数种稀见文本，但是在思想逻辑上，可以说仍笼罩在皮锡瑞的阴影中。童岭借由《礼记子本疏义》，在分析了20世纪中日两国的相关研究现状后，认为这一阶段的研究，“传统意义上的‘经学’难以完全恢复，在‘经学’与‘经学史’的徘徊之间，虽然多有长篇弘论，但从总体上看，是在第一阶段则已开拓的问题上继续延伸”，他所谓的第一阶段，就是罗振玉、孙诒让等“处于旧学消解之前夜”的人物（《六朝隋唐汉籍旧钞本研究》第七章）。我们的学术感受是基本一致的。

其实，所谓“因袭旧说”，换一个立场来说便是征引宏富，也就是《四库全书总目》所揭示的皇疏“存汉晋经学之一线”的重要价值，这恐怕恰恰是义疏在体例上的一大特色。对此，自皇疏回传入中国起在清代学术界是有着普遍共识的，只是正如童先生所说当时学者“多为序跋、札记，点到即止，含而未发之处尚多”。我自2001年起步入义疏学，曾写有硕士论文《皇侃〈论语义疏〉研究》，所拟解决的第一项问题便是皇疏“存汉晋经学之一线”。彼时考虑到虽已有不少学者进行过一定的条理，比如中国台湾的陈金木（《皇侃之经学》，1995）便曾下过相当的工夫，但基础的文献梳理仍未趋精密，因此我所做的不过是将皇疏所辐射的经学史料进行了一遍地毯式的梳理。其实在根本思路上，仍是四库馆臣到孙诒让的认识，仍在童先生所归属的第二阶段上苟延，不过与皮锡瑞的路径却已是反其道而行之了。

二

沉浸于汉唐经学若干年，我深感要在整体上超过童先生所说的第一阶段，开拓出中古经学史研究的第三阶段，义疏学至少要在如下几个问题上取得突破性进展。

其一，义疏学是汉宋经学转变的中间环节，必蕴含着经学发生转捩的痕迹。此前，已有学者指出："其（指皇疏）会通儒释道之努力，实为后代宋儒提供一个清新而深具潜力的开发方向。"（侯迺慧《皇侃论语义疏中玄学思想之评论》，1986）我进而预计"皇疏之价值恐怕远远超出四库馆臣'存汉晋经学之一线'的估计，皇疏已然架起了贯通汉、宋经学之桥梁"（拙文《汉唐经学史料索隐》）。可惜，经学史的研究至今仍厘然区隔为汉唐与宋明两大畛域，其间人为的思想鸿沟依然分明。义疏学的发展其实并非止步于《五经正义》，而在多方面启迪了唐宋学术，凿开了唐宋之际经学大变革的户牖。也就是说，宋代经学得以全面重建，其根扎在义疏学之中。学术界对这一问题的研究尚处在星星之火阶段。

其二，义疏学是儒释道互动的产物，覆盖的领域本不限于儒家经典，单就五经之义疏难以观照全豹。对于儒佛之间的关系，1921 年，梁启超在《翻译文学与佛典》中即已断言如下：

> 夫隋唐义疏之学，在经学界中有特别价值，此人所共知矣。而此种学问，实与佛典疏钞之学同时发生。吾固不敢径指此为翻译文学之产物，然最少必有彼此相互之影响，则可断言也。

应该说，梁先生只是说到儒佛“彼此相互之影响”，究竟谁影响谁，如何影响，他没有说，故牟润孙（1908—1988）指斥曰：“其意似欲从此点论儒家义疏在文体上所受浮屠影响，而辨认未明，语意含混，既未指明释氏经疏之分段落，亦未说出儒家经疏之体若何，仅由‘同时发生’一语囫囵推之，谓其必有彼此相互之影响。以意测之，梁先生所欲言者，殊未透彻。”（《论儒释两家之讲经与义疏》，1958）牟先生当然是试图论证佛影响了儒，郭在贻（1939—1989）更是言之凿凿：“所谓义疏，也是一种传注形式，其名源于六朝佛家的解释佛典，以后泛指会通古书义理，加以阐释发挥的书。”（《训诂学》第十章，1986）然而有戴君仁（1901—1978）则明确表示不同意，转而论证儒家经疏固有其渊源（《经疏之衍成》，1970）。至今学者们或云佛影响儒，或云儒影响佛，各执一词，未有定论。童岭曾分析其间原委："自梁启超提出此问题之后的近百年中，几乎没有分析'儒家义疏'与'佛典疏钞'关系的专著问世，单篇研究论文亦不多，且大都为总论或义理上的分析（如牟润孙、戴君仁等），鲜有针对二者的详细文献、文本考证。"（《六朝隋唐汉籍旧钞本研究》）障碍确如童先生言，仅就"总论或义理上"写一篇论文来分析，殊难将研究深入到腠理，在认识上超不过梁先生，在所必然。

其三，义疏学是六朝讲经的产物，有赖于对讲经体制的研究取得推进。童岭慨叹今之学界似乎依然停留在清人汪中《讲学释义》这一站上，其后实有马宗霍（1897—1976）举证过"夫南北诸儒，既同重讲经，故诸经义疏，亦于时为盛"（《中国经学史》第八篇"南北朝之经学"），汤用彤（1893—1964）、牟润孙、尚永琪、苏畅等又在史实层面上颇多推进。我认为障碍仍然是因为"详细文献、文本考证"不足，也就是从今存义疏学著作中来提取"讲经"实存的研究成果欠缺。1966年，饶宗颐发表《华梵经疏体例同异析疑》一文（收入《梵学集》，1993），是现存数一数二的开拓之作，其实饶先生也只是比对了极少量的文本，便已发现：

佛家讲经，事出后起，疏中问答，庸有出于辩难之纪录，然其出于作者之骋词设论，恐亦不少。观于《大疏》

疏中之问答，乃依据注中之问答，加以阐明，则其非为讲经问答之纪录可知。

由此可见，讲经与义疏究竟是一个什么关系，值得基于文本分析基础上的深入研究。而义疏使用科断式与问答体，正是基于讲经的直接后果。

其四，义疏学的另一项重要研究对象《唐律疏议》，至今尚未引起经史研究者的足够重视。《唐律疏议》一般是被看作法制史著作，研究者往往是从中选取素材来研究中国法律的发达与流变，大多不关注其撰作体例。2000年，钱大群终于发现："《唐律疏义》是从最早的'义疏'演变而来"，"'义疏'用到唐律上，就是对处于经文地位的律与其注文做解释的文字，也就是'兼律注而明之'。这种法律解释，在律义内容上达到最大的深度与广度。"（《〈唐律疏议〉结构及书名辨析》）由此，我们可以深刻理解当年牟润孙之所以会说"撰疏一事，非仅为诂经之书创辟新体例，即在我国学术史上思想史上亦为大事因缘，影响极为深远"（《论儒释两家之讲经与义疏》）。问题更趋复杂的是，在承认六朝义疏影响《唐律疏议》的逻辑前提下，尚可衍生出至少两种不同的认识，一是认为《唐律疏议》主要模仿儒家义疏，日本学者桥本秀美（《经疏与律疏》，收入《学术史读书记》，2019）、古胜隆一（《〈唐律疏议〉与儒家义疏学》，收入《汉唐注疏写本研究》，2021）等即持此说，二是认为给《唐律》作义疏主要源于佛经义疏，如张海峰（《唐代法律与佛教》，2014）、陈灵海（《通往唐永徽〈律疏〉之路》，2015）等。之所以会引发如此分歧，恐怕主要还是对义疏学文本的细化分析程度不够，由此造成对其内在发展规律的认识不足。

三

基于以上思考，我认为有必要遴选几部义疏学的典型著作，对其进行文本的细化梳理和比较，而义疏学的代表性特征之一“问答体”，适可以作为参乎比较的重要平台。牟润孙曾概括儒佛义疏在体例上的特征曰：

> 义疏之为书，自其文体上言，儒释亦显有类似之点。所可论者，盖有二事焉。一为其书之分章段，二为其书中之有问答。

虽然后之学者大都认同牟先生的这一概括，然细化研究义疏学这两个特征的，当属日本学者野间文史（《五经正义研究论考》，日文版，2013），野间先生二篇论文（《义疏学から五经正义へ——科段法の行方》《义疏学から五经正义へ——问答体の行方》）在日本的刊发时间已到了2012年，已经是牟先生之文在香港发表半个世纪之后了。我认为野间先生的研究有引领义疏学研究第三阶段的可能。沿着野间先生的研究思路，我准备进一步将问题的突破口收束到对问答体的研究上，确定逐条梳理如下五部义疏学典籍。

第一种：《论语义疏》。梁皇侃撰。这是六朝儒家义疏流传至今的难得的全本。野间先生已指出其中典型的“或问曰”“答曰”形式的问答体，共有22例。学者们已指出这是六朝讲经的留存，可见其与佛家的关系。比如就第一例《学而篇》“行有余力则以学文”下，皇疏有云：“或问曰：此云‘行有余力，则以学文’，后云‘子以四教：文、行、忠、信’，是学文或先或后，何也？答曰：《论语》之体，悉是应机适会，教体多方，随须而与，不可一例责也。”孙述圻在读到这一条之后，即指出其透露出来的特征：“皇侃这种援儒入佛的方式使儒家经典的训诂常能卓有新意，而且能起到‘群疑冰释’的效果，从而开辟了经学训释的新径。”孙先生对佛学素有研究，明显感受到皇疏中有“与《放光般若经》《小品般若经》《维摩诘经》以及《法华文句》等佛经……可以说是如出一辙的”（《论皇侃的〈论语义疏〉》，1986）。我认为孙先生的感受是非常敏锐的。不过，孙先生认定皇疏中这种“或问曰……答曰……”是“自设问答”，则恐欠妥，皇侃正是在讲经的相对自由诠解中，融入了当时佛学盛行的内涵。而且，皇疏中不仅有一问一答式，皇疏更保留了诸如“旧问云”“或通云”“又一通云”“一家通云”“旧通者云”等等解释方式，甚至在某“或问曰”之下给出几种“或通云”，这是义疏学的典型特征，并未经过后期诸如《五经正义》对于注释体例的裁剪、整合、修饰。后人无识于此，而蔽于颜之推“俗间儒士，不涉群书，经纬之外，义疏而已”（《颜氏家训·勉学》），以为义疏有欠精雅，由此便抹杀了义疏活泼泼的民间气息。

此外，经野间文史提取，《礼记子本疏义》尚存问答体5例，《讲周易疏论家义记》尚存问答体6例，《孝经述义》尚存问答体1例，附于皇疏之下。

第二种：《春秋公羊传注疏》。此疏虽标唐人徐彦撰，但对其成书历来颇有一些争议，《四库全书总目》（卷二十六）已揭出：“中多自设问答，文繁语复，与邱光庭《兼明书》相近，亦唐末之文体。”此后洪颐煊（1765—1837）则判定为“梁齐间旧帙”，严可均（1762—1843）判定是北齐人所撰，段熙仲（1897—1987）证实了严说（《春秋公羊学讲疏》，2002）。牟润孙据之，称“今世所传南北朝之义疏，仅有二书，一为梁皇侃之《论语义疏》，一为后人考证断为北齐人著之《公羊义疏》”，进而更说：“疏中问答，《公羊义疏》最多”，其性质当为“整理讲经记录”。不过，何以此疏的问答形式主要集中在卷一中，共计26例，此后虽不见，但极少，我认为很可能是经唐人之手，做过了一次整理的结果。其中尚存若干润饰的痕迹，有待细致发掘，如此不仅对先唐义疏学研究有莫大的价值，对此疏的成书过程的研究也是一项重要推进。

第三种：《法华经玄义》。隋智顗撰。汤用彤《汉魏两晋南北朝佛教史》（1938）已指出“佛家在汉魏间已有都讲，则都讲诵经发问之制，疑始于佛徒也。”（第五章之“汉晋讲经与注经”）牟润孙进而又考知“释典中之论，及经论之疏，亦多为问答体，亦由于说法时有问答辩难也”（《论儒释两家之讲经与义疏》）。隋唐之际佛典义疏留存至今的尚有好几种，今以天台宗开创者智顗所撰《法华经玄义》二十卷（灌顶记）为首，考虑到陈时沈君理有《请智顗讲〈法华〉疏》，可见此疏确为智顗讲经，灌顶所记录者，其中问答之内容殊为丰富，尚未经有效分析。在今存唐代以前的大量佛经作品中均保存有问答体形式，包括敦煌佛经残卷，学术界的研究殊为不足。又圣凯惠告，在净影慧远的著作，尤其是经论中，“主要有‘疏’‘义记’‘义疏’，如《华严经疏》《大般涅槃经义记》《无量寿经义疏》等”（《北朝佛教地论学派“变疏为论”现象探析》，2015），也含有不少口头问答的形式。纵观“转疏为论”这一变迁过程中的佛家之作，直至论体的代表《大智度论》，均普遍使用这一体式。然而需要作出区分的是，作为都讲实践生成的问答，和作为论著写作刻意设置的问答，两者形似而性质相异。有学者已留意到《大毗婆沙论》中分设了四种问记体式，可归纳为“一向记——答是或不是；分别记——作不同的解答；反诘记——问得不清楚，反问后才作答；

首届汉唐注疏思想沙龙与会代表合影（左起：曹建国、徐建委、程苏东、古胜隆一、司马朝军、顾涛、石立善、王昌乐，杭州，2018.3）

舍置记——即无记，问得无理，不予作答”（黄家树《杂阿含经导读》第三章第四节，2007），这些从印度传承下来的问答体式，是否与儒家经疏相交织、被借鉴，均尚待研究。

第四种：《四分律疏》卷九。唐智首撰。佛典中的律部，亦颇多采用义疏体，其中亦常见问答。陈灵海在比照此疏与《唐律疏议》两种之后，曾指出：“智首撰《四分律疏》二十卷，今存卷九，其撰述采用的就是分条、问答的方式，与永徽《律疏》无异，区别只在分析更细、文句更长。”（《通往唐永徽〈律疏〉之路——中古佛教律学与世俗律学互动论》, 2015）今虽仅存一卷，其间流露出来的信息依然非常丰富。

第五种：《唐律疏议》。此疏与《五经正义》同时撰成，本名《唐律疏义》，是义疏学在唐代的重要作品。其中包括问答体非常丰富，涵盖全12篇118条律条内，共计178条（冯炜《〈唐律疏议〉问答体疏证研究》已做过一些梳理，吉林大学博士学位论文，2011），法律史家徐道邻（1906—1973）明白指出："唐律中问答，辨难析疑，最足益人神智。而其层出不穷，尤觉缤纷满目。"（《唐律通论》，1946）我认为《唐律疏议》正是义疏学发展到唐代成熟阶段的代表作。对于这样一种注疏形式，有鉴于湖北云梦秦简中有《法律答问》一种，其中也使用"问答"的形式，钱大群认为"'问答'是中古古代法律解释的传统形式……唐代《律疏》中的'问答'正是疏文沿用古代法律解释的传统方式的表现"（《〈唐律疏议〉结构及书名辨析》，2000）。这一观点大概是法学界普遍接受的看法。熟悉儒家经疏的学者则认为它受儒家经疏影响甚深，如古胜隆一指出："本人推测，儒家传统尤其义疏家的问答更直接地影响到《唐律疏议》之问答"（《〈唐律疏议〉与儒家义疏学》）；熟悉佛典义疏的学者则又认为它与佛典律疏一脉相承，如陈灵海便强调："儒家义疏学对永徽《律疏》当然也有影响，佛教在律疏方面更独树一帜，与永徽《律疏》更有亲缘性"（《通往唐永徽〈律疏〉之路》）。可惜的是，陈先生说“本文限于篇幅，无法对永徽《律疏》具体疏解方法展开研究”，这正是我想重点推进之处。不经过这一分析过程，经疏与律疏，儒家义疏与佛典义疏，其间的关系将永远没法进行实证性的推论。

2018 年 3 月初稿，圆明园东门外

先后提交“首届汉唐注疏思想沙龙”（2018.3，杭州觅禅初心）和“礼制与汉传佛教社会生活工作坊”（2019.4，清华园）

2020 年 7 月略有修订

醍醐山的古胜先生

京都，念念不忘的有两地，一是东山的永观堂，一是伏见的醍醐寺。

因关注过世上仅存的两件曾被定名为“虎噬人卣”的青铜器（拙文《古器设计中所藏之礼》，2016），那日在京都，我决定去一睹庐山之真容。从京都大学的芷兰会馆步行，沿东大路往南，不久便到丸太町，左转经过冈崎神社，便到了声名远播的泉屋博古馆。老远就已望见馆内青铜器国宝展览的大幅招牌，那尊我已经看过不下百遍的虎卣大照赫然印在上面。待走近，却见大门紧锁，那日竟值闭馆。正在懊恼时，里面走来一位似乎管理者的女士，我急忙招呼她，经过汉语、日语、英语加上手舞足蹈一番之后，女士还是拒绝了我的参观请求。于是，我只得隔着门玻璃遥拜了一番，悻悻然离去。

这里位处东山西麓，景致清幽，离开泉屋，稍事闲

泉屋博古馆外景（2018.6）

与古胜隆一先生合影（京都，2018.6）

逛，往鹿ケ谷一转弯，行百余步，竟在绿荫掩映中见到了心心念念的永观堂。

永观堂原名禅林寺，是日本净土宗西山总本山，不过它在我心目中的地位，乃是因为王静安先生生前眷恋于此。我在金陵攻读博士学位的几年，满心近慕观堂，远绍茂堂。此后北上清华园，多半是心念着观堂晚年足迹飘摇在此。那块“海宁王静安先生纪念碑”（1929年6月3日立碑）竟成了接下来几年里，引领着我下狠心在学术上抉破罗网的一座灯塔。细细思量，观堂的学问之所以能脱胎换骨，乃是辛亥东渡，侨居京都的四年迫其尽弃前学而成。于是京都之于我，便有了别样的一种情结。

想着要去京都，已有些年头了。然而我性本疏懒，若不是京大的古胜隆一先生数次相邀，这次又手捧着他这部著作（《汉唐注疏写本研究》）的出版合同，京都之行恐怕还依然是个梦想。

我和古胜先生约定，在醍醐山下相见。

醍醐山是日本真言宗醍醐派总本山，我对真言密教其实甚为外行，因着古胜先生的家即在山脚下，我便想去寻探一番究竟是怎样一方山水，染就了古胜先生的学问。

在东山坐地下铁，经过七站就抵达醍醐，甚是便捷。古胜先生在地铁口等我，我们已经相识八年，从来都是正襟相待，我第一次见他穿着一件旧T恤衫、一双粗布球鞋，因为他说要带我去爬山。于是我们一路走过一片老旧的格子楼，房子逐渐矮下来，再而变成独栋，风格彰显起来。离山越来越近，从一条灰绿的古道上，古胜夫人素颜常服，不事粉饰地款款迎来，原来这条小路便直通往古胜先生的家。三个人胜利会师，就这么轻松愉悦地前后脚跟着，一同进山去了。

山口处，横着一条旧奈良街道，古胜先生说：

“这条路是通往古都奈良的。”

“那是最日本的地方了吧……”真该去奈良看看的，我想。

“我们一起去奈良，好吗？”

“好！我们下次相约奈良见。”

跨过那条旧道，便到了醍醐寺的总门。在古胜夫妇的陪同下，我们一路走过唐门、金堂、五重塔、祖师堂、观音堂、女人堂。祖师堂里供奉的是真言宗的创始人弘法大师和理源大师的塑像，古胜先生说，弘法大师就是空海（密号遍照金刚，774—835），理源（圣宝，832—909）是他的再传弟子，也就是醍醐寺的创建者。经过女人堂，到了山道口，路边有五尊露天的佛像，古胜夫妇虔诚地依次逐一为之泼水、浴佛，然后我们每人挑选了一根拄杖，便开始登山。

大概用了一小时的样子，来到上醍醐，这是醍醐寺最早开建之所，时间大概相值唐贞观。古胜先生的脚力异常惊人，步履如飞遥遥领先于我，我也算得上是惯于长段徒步的，却还是跟不上他的步伐。古胜夫人的体力倒似乎和我差不多，一直陪着我爬。爬到上醍醐一眼清冽的泉水前，我们停下来饮了几口山泉，一路的劳累顿消，这水应该就是流入琵琶湖中的甘泉。琵琶湖之于京都，大概就像太湖之于我的家乡无锡一样，是养育一方水土的母亲湖。流连之间，眼看着天色已不早，我不想错过名闻遐迩的灵宝馆，古胜先生便促其夫人先行下山，去跟灵宝馆打个招呼，务请等我这个来自异乡的“贵客”。一同急急地往山下赶，古胜夫人竟一溜烟已消失在山树间，我这才醒悟，原来她的脚力决不在古胜先生之下。上山时之所以与我同行，原是怕我孤单吧。如此看来，他们夫妻，必是醍醐山的山间常客了。

我和古胜先生抵达灵宝馆门口，果然已过了闭馆的时间，夫人和值班员在等候。馆内的文物从“国宝”到“重要文化财”，真品婆娑，佛像尊尊，款款扑入眼帘。尤其是那部南宋版的《一切经》，相传是当年寺僧从福建取经而得，携回京都的。事后我从网站上探知，说寺内有国宝级文物 75522 件，此外有中古文书约 10 万件，那天幸亏故作矜持，没有看到忘却时间，否则岂不是要让古胜先生等一众陪我到阒然三更了。

那一日在醍醐山上，我们从镰仓聊到江户，聊到醍醐寺现任的住持仲田顺和大僧，我们更将编辑、出版这部著作的前后诸多细节顺带着逐一敲定了。次日，我去参拜了永观堂，那天正好是2018年的端午节，也是京都大学的成立纪念日（6.18）。离开永观堂，我便心满意足地坐新干线赴东京去了。

动了想要编一部古胜先生文集的念头，是在2013年的8月，当时我们在南京大学主办的“经学与中国文献文化”国际学术研讨会上相遇。古胜先生提交的论文是《“告朔之饩羊”邢疏札记》，文中引用到皇侃《论语义疏》，用的竟然是京大图书馆所藏清家文库写本。我曾对皇疏下过多年的工夫，系统搜集、比照过日本与中国内地、台湾多种版本及上百种研究成果，2004年5月完成皇疏研究的硕士论文（《皇侃〈论语义疏〉研究》），6月专程去彰化拜访海内外皇侃研究第一人——陈金木。近十年后，竟然见到京大所藏古写本的踪迹，真是如见知音，此本乃皇疏现存最早的钞本宝德本系统中极具个性的一种，由此推知古胜先生对皇疏必下过相当的工夫。我们在六朝古都谈论皇疏甚契，我也由此探知古胜先生对汉唐注疏的研究成果丰硕。我们相约，为了皇疏彼此共同努力。

又一次因皇疏与古胜先生相会，是在三年之后的2016年10月，“汉唐经学文献的整理与研究”学术研讨会在北京大学大雅堂召开，古胜先生提交的论文是《〈论语义疏〉文明本与武内本之差异》。说来惭愧，我在2004年颇有一番重新校理皇疏的雄心，然而却迟迟没有行动起来，其时国内所能见到的均是根本逊志做了大手脚改头换面之本。不料英雄所见略同，2007 年北大《儒藏·精华编》首次点校出武内义雄本（陈苏镇等六位学者共同校点），2013 年中华书局再出高尚榘校点本，两书的出版让我可以“坐享其成”，再加上我性见异思迁，十多年来在皇疏的研究上竟一无所成。如今见到古胜先生这篇作品，惊得汗如雨下。古胜先生细致研读了新出的高桥均、影山辉国、高尚榘等校勘成果，开启了质疑武内义雄怀德堂刊本的大门。如果以根本逊志足利学校刊本传入中国的 1771 年为标志，一直到 2007 年《儒藏》校勘武内本出版，此间二百三十六年是皇疏在中国流传的第一阶段，2007/2013 年之后，皇疏的版本地基方才铺稳，研究进入基于武内本的第二阶段。如今古胜先生所要开启的是回到武内、根本之前皇疏的写钞本时代，回到 1477 年的那个首尾完好、未受朱注影响的原汁原味的文明九年本，由此深埋于日本古刹密廛中的三十多种古写本将一同被复活，皇疏研究将走向引领学术最前沿的第三阶段。较诸古胜先生，我的水晶球已落伍一大截了。

记得初识古胜先生，是在 2010 年 10 月。那时河南漯河作为许慎故里，召开第二届许慎文化国际学术研讨会，古胜先生作为重要嘉宾出席，与黄德宽、彭林、叶国良、单周尧四位教授共同接受了“大家访谈”，他所提交的论文是《略论旧写本〈说文·口部〉残简》。我之所以与古胜先生一见如故，更多的原因是我们拥有共同的学术基础——《说文》。有一次我们共进晚餐，由《说文》而古音，而经籍，而注疏，而段注，似乎国籍、语言、地域、师承、习俗……一切的隔膜都在我们彼此共同的学术兴趣中逐渐消泯，化为乌有。我攻读博士的三年，工夫几乎全部下在了金坛段氏身上，而在异域的他邦，竟同样有一位学人，和我走过共同的心路历程。段注的无可匹敌，恰在于它是一尊经义考证的大熔炉，学者谓“许祭酒著《说文》以明经，段先生本经义以注《说文》，故能凑入单微，允称合作”（刘盼遂《段玉裁先生年谱》），段注《说文》，乃治经学之秘籍与法宝，这是我和古胜先生八年前即彼此许为知音的学养柱础。

与古胜先生相识的八年，我逐渐探入其学术之汪洋恣肆，音韵训诂与版本校勘，铺设了其学的底色，是支撑其学术大厦的厚实地基。然而，此间若没有在山西绵山跟随古胜先生闭关静修的那十四日，我恐怕至今尚未窥见其学在飞扬与捭阖中的神龙首尾。那是2011年的8月8日至21日。

北京师范大学人文宗教高等研究院在绵山基地举办“经典会读 · 日本古抄本《老子》读书会”，请得古胜先生担任指导教师，我经报名被遴选为会读成员，全身心受教于古胜先生，最终考核合格，准予出关，古胜先生签名授予结业证书。会读是日本自江户时代即盛行的研读汉文经典之不二法门，传承至今，而以京都大学的“会读”最具盛名。绵山慷慨地将大罗宫讲经堂腾出供我们读书，古胜先生选定的研读对象是《老子》河上公章句，在王卡先生点校本之外，另择善本四种，其一是《四部丛刊》影印铁琴铜剑楼藏宋刊本（附整理本一种），其二是日本宝素堂藏17世纪初的古活字刊本，其三是筑波大学附属图书馆藏天文二十一年（1552）写本，其四是东京大学总合图书馆藏室内町时代（16世纪末）写本。在对五种文本逐字逐句下了一番比勘、训义、抉发的工夫之后，在绵山的云雾飘浮中我猛然惊醒，这一番原汁原味的“小学＋文献”功底的背后，其实蕴含着古胜先生更深一层的精神寄托。要知绵山乃道教名山，大罗宫更享有“天下第一道观”的盛誉，此中收藏的《道德经》当代手抄本堪比世界第一，在老子那庄重朴拙的塑像面前，我们精读这部《老子》最古老的注本，可见古胜先生对道家感情之诚挚。仅仅经历了从皇疏到三礼到段注的我，竟懵懂到此时方才参悟。君不见对道家研究的持续与深入，已然成就了古胜先生学术最鲜活的特征，他在1999年获得东京大学博士学位的论文《汉魏两晋注释学と〈庄子〉郭象注》（蜂屋邦夫指导），标识着他曾经创造过的学术高峰。我们从他2006年出版的第一部文集《中国中古の学术》（研文出版）中，便可见《郭象による〈庄子〉删定》《贾大隐の〈老子述义〉》两篇重要论作，第二部文集《汉唐注疏写本研究》又将收入他分别完成于2008

年、2012 年的两篇有关《老子述义》的研究成果。直到 2018 年的 3 月，我们一起在杭州西湖之畔的觅禅初心会馆，参加首届“汉唐注疏思想沙龙”，古胜先生提交的论文《郭象在魏晋〈庄子〉注释史上的位置》，再度摄入道家，老庄已然构成了承载其学术大厦的墙柱与栋梁。《庄子》记河伯望洋向若而叹曰“今我睹子之难穷也，吾非至于子之门，则殆矣”，我之于古胜先生，亦犹河伯之于若神。

认识到这一步，距离古胜先生学问之全豹仍可谓未达一间。当年古胜先生何以会选择《老子》的河上公注，而不是王弼注？这一疑问是在 2012 年 4 月我协助彭林先生在清华园举办首届“礼学国际学术研讨会”时方才找到答案的。我们盛情邀请古胜先生，他提交的论文是《〈礼记正义〉及贾大隐〈老子述义〉的融合主义》，当时尚弁有一个正标题作“礼学、纬书、道家”。《老子述义》是河上公注最重要的一种唐人义疏，作者贾大隐乃是礼家贾公彦之子，古胜先生的学术指归无疑是要去抉发北朝经学、礼学对道家思想的吸收与融会，这种融会在《礼记正义》时代达到了顶峰。一下子似乎豁然开朗起来！其实不管是关注皇侃的《论语义疏》，还是贾大隐的《老子述义》，还是《礼记正义》，甚至《春秋公羊解徽》《唐律疏议》，都是两晋南北朝隋唐这个伟大的“义疏时代”的杰出作品。义疏体的产生，表面上看是一种注释体例的创新，内在其实是儒、释、道三教互相渗透、互相交融的产物。儒家义疏和佛经讲疏究竟是谁影响谁，如何影响，学术界争执至今，或许还是梁启超说得有理，“夫隋唐义疏之学……实与佛典疏钞之学同时发生……最少必有彼此相互之影响，则可断言也”（《翻译文学与佛典》）。彼此相互影响的尚不止儒释，而是儒释道三教，甚至影响到唐代法典的撰作。古胜先生是开启深入研究“义疏时代”的先锋人物。

我之所以这么说，乃是因为对义疏时代的总体判断，一个多世纪以来笼罩在皮锡瑞“汉亡而经学衰”之说的阴影中，直至最近出版了简体字版的乔秀岩《义疏学衰亡史论》（2001 日文版 /2017 中文简体版），虽然史料已拓展，梳理更细密，但在思想逻辑上依然没有跳脱出皮锡瑞。“中衰”说的陈陈相因，不仅掩盖了清人对义疏之学未必不如两汉的故有识见，影响了一百多年来对汉唐经学的钻研深度，同时也障碍了对两宋经学复兴之源头活水的追踪。在我看来，宋明理学的根其实扎在六朝隋唐的义疏时代，经学之所以在汉魏的高峰之后没有走向衰亡，更是开出了宋明以来的新经学，其充沛的活力正孕育于义疏时代。义疏时代是经学实现汉宋转捩的关键性时刻，经学在生死攸关之时借助佛、道，获得了新的生命。之所以难以从根本上跳脱皮锡瑞之说，问题主要不在史料的不足，而在无力把握住儒释道三教的融会，把握不住也就谈不上去萃取孕育新经学的基因。儒家注疏、佛经、道藏是三个各自形成庞大体系和研究套路的学术阵营，要想在某一个阵营中深入浅出成一家之言，断非易事，沟通两家在某些学者心目中尚可作为遥远的理想来尝试，毕生想要把三教都“占为己有”，似乎已成为大部分学者心中永远的乌托邦。

职是之故，我寄无限厚望于古胜先生。

古胜先生的学术历程，乃是造化所致，通过儒释道之融会以刺破“义疏时代”之混沌，古胜先生恐怕是今世难得的种子选手。2018 年 3 月石立善教授（1973—2019）选定在西湖之畔的觅禅初心来研讨汉唐注疏，其初衷自然是指向儒家经注疏的，不想古胜先生竟提交了一篇道家经注的研究之作，在会馆主人浓浓的禅意中，亦佛亦道亦儒，激发起了我一定要编成这部文集的坚定决心。6 月，与古胜先生在醍醐山相晤的那一刻，我一下子茅塞顿开。似乎冥冥之中已然有所昭示，那位创立了佛教真言宗的空海大师，也就是古胜先生《汉唐注疏写本研究》第一篇重点参考的《篆隶万象名义》的作者，作为日本最富有创造性贡献的高僧之一，正是日本最早试图沟通儒释道三教的学者。因为他熟读孔孟，欣赏老庄，信仰佛陀，撰写出了日本第一部比较、权衡三教的杰作——《三教指归》。古胜先生定居于真言宗的总本山下，难道不正是天降大任于斯人，要他继承空海的伟大学术事业吗？

“作心渔孔教，驰忆狩老风。双营今生始，并息来叶终。”三教指归的原创性观点，必然胎孕自汉唐之间的义疏时代，天赐古胜先生以良机，因缘在此。

2018 年 6 月构思于东京新宿
10 月完稿于北京圆明园东门寓所
11 月修订于韩国首尔大学湖岩会馆
古胜隆一《汉唐注疏写本研究》（2021）后记

第三辑　笃志经史

古音学的两大时代

在我看来，汉语史研究的骨髓是古音学，其思路与方法均曾因之而发生转关。古韵分部与音值构拟，标志着汉语研究的两大历史时代，我们将平分秋色而述之。

第一时代的开拓者无疑是顾炎武（1613—1682）。顾氏之卓异在将宋明心性之学倒卷而缫演，开实证之学的潮流，而成一代宗师。顾氏之著述由其本人手定成书者，唯《音学五书》一种，故后人往往徒炫于此冰山一角之珠光宝气，而昧于其下博厚之根柢：《肇域志》（逾三百万字）、《天下郡国利病书》（逾二百万字）、《日知录》（逾千条）三著。顾氏离析《唐韵》的核心技术，固然是古音学规模已成之标志，然更为其所标志着的，是清代考证学攻坚难题已然突破，其后乾嘉之势如破竹可以想见。李约瑟（Joseph Needham，1900—1995）巨眼先瞩，“在顾炎武完成他的划时代的巨著《音学五书》的前一年，牛顿已创立了微积分”（《中国科学技术史》第一卷第一分册），堪比钟子期再世。接武者如江永、如戴震，气脉一贯，若未研读过其《律吕阐微》（11卷）、《推步法解》（5卷），对《勾股割圆记》《考工记图说》一知半解，必将见树而不见林，如何能识得《古韵标准》《声类表》之覃思精蕴？此后到段学、王学，到江有诰及其后来者，那是积学而成就的精致度上的提升，方向上的大开大合已然定型。眼光根植于学养，眼光取决于方法，“抓住了上古音这个中心环节”（何九盈《中国古代语言学史》，2000）的清代学术，在从十部到三十部的层层演进、寸土必争中，时代的步伐已日新月异。紧抱着旧天子脚后跟的桀骜大儒们，呼号着成圣成贤的一部部厚砖头，竟连泥带沙湮没于滚滚浪潮中。

第二个时代的开拓者不得不推高本汉（Bernhard Karlgren，1889—1978）。20世纪初叶，实证之学已趋巅峰，章太炎《二十三部音准》《成均图》（1910）的极致，昭示着时代新巨人将呼之欲出。学界自有慧眼，“盖俨然成一最尊贵之学阀而奴视群学”之势成，“为革命军所粉碎”（借梁启超语）的厄运必将不期而至。出人意料的是，这一位时代巨人竟缓步来自西欧。西学是大大沾溉了中学，三百年前铸就了古音学的诞生，如今又将蕴育其再度新生。1888年国际音标问世，天朝上国的清高罔然于此视而未睹，历史机遇便毫不客气地降临到了瑞典学人高本汉的头上，国籍、母语之隔即刻因之涣然冰释。高本汉自然是虚心的，勤谨的，他拼命汲取有清一代的滋养，在《中国音韵学研究》（1915—1926，1940 中译本）、《汉文典》（Grammata Serica，1940，1957 修订本）先后问世之际，谁还能否认这是一位地地道道的汉学家？然而高本汉的意义仍在思想方法上，他所带来的是同源比较的关键技术大换血，音值与音系的整套类推新方略，由此挤迫古音学学脉贲张、体能激活，进入一片新天新地。

同源比较是 19 世纪西方历史语言学的精魂，融入汉语史研究，其意义几同于佛学之化入儒学而开出宋明理学。方言、亲属语言的形态描写、音理对应、内部构拟的背后，是观念上从中古韵目的离析分合，走向不同语言（或方言）的谱系树虚拟，是从历时向共时、从取证到假设的 180 度大转弯。方法上、史料上均生发出前所未有的掘进，改变是如此地彻头彻尾，任何立足于三年无改的小修小补都已因之黯然失色。绝大相类者，可以古生物学为例，此学之史料根基在化石标本，从采集、登记、修理、鉴定到描述，以及由此展开的物种分类，形成了一整套研究方法，涵盖地质、地理、动植物、化学等多学科，由此开拓出史前生物世界广阔的空白领域。这是第一时代，国内集大成之作可推 20 世纪 50 年代出版的《中国标准化石》五巨册（脊椎一、无脊椎三、植物一）。然这一时代的瓶颈是化石记录的不完备性。据统计，在现生生物中，已描述的种约有 150 万种，尚有 300 万种未经描述；然而古生物种只有 13 万种得以描述，约占已描述现生种的 8.7%，占全部现生种更微乎至 2.9%（童金南、殷鸿福主编《古生物学》，2007）。其中，有一部分已形成化石，在地层中尚未被发掘出来，还有相当部分恐怕永无再现之日，更重要的是大部分已得化石只是该生物体上的个别部分和器官，不足以展现其全貌。可是，古生物学完全未受制于这一瓶颈，如今已然进入别有洞天的第二时代。即以新近翻译到国内的美国学者 Michael Foote 和 Arnold I. Miller 所著《古生物学原理》（2007 第三版，2013 中译本）介绍所及，形态模型、系统发育学、底层分析、古生态学、演化假设、多样性曲线、分子生物学、天体生物学等一系列崭新的交叉学科纷纷诞生，取得的突破令人拍案叫绝。作者在书末难抑激动之情，说“古生物学似乎涉及了自然科学的所有领域，而近年来变得更加地跨学科；因此，古生物学家需要比以前接受更加广博的培训”。再让我们把视线紧缩到恐龙复原，我们如何通过零散的、破碎的恐龙化石，大多数时候往往只是一段大腿骨，几节颈椎、背椎，在没有任何人见过真恐龙、没有参照物的情况下，推测出恐龙生前的样貌。如果说身体与头部、四肢、脖子、尾巴的比例，牙齿的形状等，尚可通过化石各块骨头读到的信息进行若干推测，构建出大致的骨骼复原图，那么肌肉、皮肤、体表颜色、毛鳞等又将如何填充，若是还要细化到活动样态、食物、伤口等等，这显然是古生物学第一时代无从想象的。人类具有无止境的智慧，2009年，国内冠名“达尔文计划”的古生物化石（包括恐龙）复原工程正式启动，如今已完成超过1000种古生物化石生物形象的科学复原，近500种古生物化石骨骼结构的科学复原，数十种生物形象得到了立体复原，英国《自然》、美国《科学》等杂志刊发了大量作品。中国境内先后发掘出的十大恐龙均已得到初步复原，“无限接近真正的恐龙形象，赋予已经消逝的恐龙第二次生命”成为这一新时代的号角（赵闯、杨杨《达尔文计划：复原中国十大恐龙》，2013）。

当年陈寅恪讲治学之士应当“预流”，“其未得预者，谓之不入流”（《陈垣敦煌劫余录序》，1930）。谁能挡得住古生物复原之流？谁又能挡得住古音构拟之流？请允许我效颦李约瑟，注意到在爱因斯坦1921年获得诺贝尔物理学奖的同时，高本汉正紧锣密鼓投入其关键性历史比较著作《中日汉字分析字典》（1923年在巴黎出版）的撰写，恍然可知牛顿经典力学时代在悄无声息中过渡到爱因斯坦相对论时代的同时，在古音学上的投影不可谓不迅捷。高本汉在方法论上的直接影响，不仅有赵元任、罗常培、李方桂，还有丁声树、胡适、傅斯年，间接更可扩展到钱玄同、林语堂、徐炳昶、魏建功、安特生、丁文江等等（鲁国尧《愚鲁庐学思脞录：“智者高本汉”，接受学与“高本汉接受史”……》，2013），谁能挡得住语言学新时代的降临？阅读古音学史者或当致思。

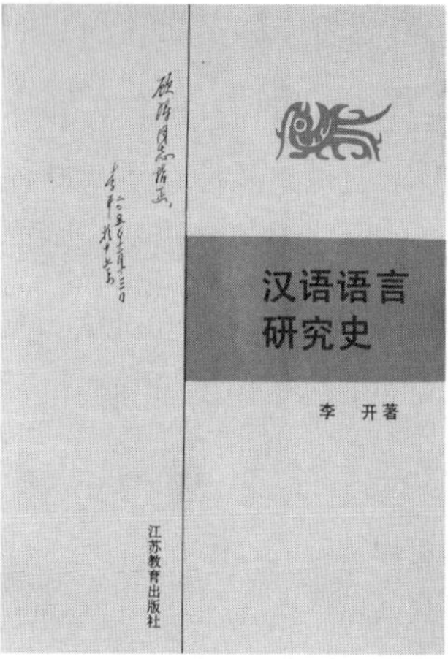

李开先生《汉语语言研究史》（1993）签赠页

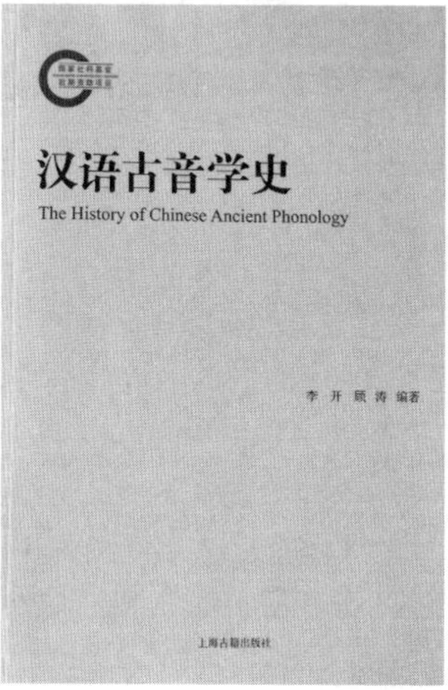

李开、顾涛《汉语古音学史》（2015）书影

我自2004年从李开先生系统学习古音学史、西方理论语言学二门课程，体会日深，然一无成绩，先生竟不弃，相邀共同署名，我既同意，自当述其理由。当年在课堂上听先生讲解，录音，整理，追踪，研探，补证，情景历历在目，《汉语古音学史》（2015）的完成有我的心血在内，观点无一不是我所认同的。更主要的尚在，与先生在教室里、在系休息室、在走廊中、在先生府上，我们随处见面即敞开心扉，侃侃而谈，所谈无不是学术，无不是思想，无不是方法。甚至我们多次相约在校门口邮筒旁见面，急事急办，这已被内子戏称为地标；我们大操场偶遇，一起顶着星斗散步，海阔天空；先生还邀请我一起去看芭蕾演出，看完后我们一起步行回校，谈一路真与文、脂与微，路人多为我们避道……书中的思路已融入我的学术生命中。2009年，我从语言学跨入历史学，2014年，我从经学跨入圣经学，这部书可作为我学术道路的投影，我当义无反顾地让自己从第一时代走进第二时代。

2015年1月，清华园

李开、顾涛《汉语古音学史》（上海古籍出版社，2015.11）前言

段王之学与专门史：以五刑与刵刑为例

梁启超的《新史学》（1902），被视作20世纪中国史学发生革命的一大标志，依任公的规划，中国通史的写作拟打破断代史的框架，而是按照政治、文化、社会及生计三部来写作，政治之部主体包括民族篇、地理篇、阶级篇、政制组织篇、政权运用篇、法律篇、财政篇、军政篇、藩属篇、国际篇等，社会及生计之部则包括家族篇、阶级篇、乡村都会篇、礼俗篇、城郭宫室篇、田制篇、农事篇、物产篇、虞衡篇、工业篇、商业篇、货币篇、物运篇（《原拟中国通史目录》）。其后的历史学便朝着专门史的康庄大道蓬勃发展起来。

经章清的梳理可知，“‘专门史’书写构成20世纪中国历史书写的主要形式”（《重塑“中国历史”（下）》，2008）。北大历史学系在朱希祖（1879—1944）的推动下，1929年以后便确立了本科一、二年级修通史及史学基本，

三、四年级专修一课专门史的课程设置模式（朱希祖《北京大学史学系过去之略史与将来之希望》，1929）。由此，两门通史、断代史、史学方法、专门史四大板块的知识架构，构成各大学历史学本科人才培养的基本格局。

专门史研究者的目光，往往是朝着“下”而去的，更关注社会、地方、基层、区域、村落、个体、生活，因此往往需要“上穷碧落下黄泉，动手动脚找东西”（傅斯年《历史语言研究所工作之旨趣》，1928），如此也便大量地扩张了以往学者视而不见的新史料。当“材料愈扩充，学问愈进步”（傅斯年语）的观念深入人心之际，因为研究对象从常见书到新材料的革命性变化，很容易就带来了研究者阅读习惯、研究方法、概念理论、推理路径等也连带着发生巨大变化，专门史的研究成果往往也就独树一帜，与取径于传统文献史料的断代史研究路数大相异。而且专门史号称“新史学”，正因其标“新”，无形间竟取得了引领的地位，断代史的研究也往往汲取其滋养，甚至接纳之，效法之，亲近之，合流之，由此造成历史学走向全方位的社会学化转向（参见周德钧《社会学化：历史学的方向》，1989）。转向在给历史学带来发展生机的同时，已经有学者意识到问题的严峻——“‘社会史’的历史学特征‘失落’。”（王先明《走向社会的历史学》第六章，2010）换句话说，方法上的渗透完全是单向的，传统的断代史主动汲取专门史是常态，专门史则越来越因其“新”而排斥“旧”，越来越与传统史学脱节、脱轨，甚至索性轻装上阵，将经史之学那一件件笨重的铁甲与钢盔，斩钉截铁地弃如敝屣了。

由此，问题也便随之而来。

被打入冷宫的，首当其冲便是庞杂而繁缛的“十通”。其实追根溯源的话，专门史的书写路径在唐代杜佑的《通典》中已然成型，《通典》“算得上‘专史’之雏形”（章清《重塑“中国历史”（上）》，2008），此后的《通志》二十略、《文献通考》，直至“十通”等制度史书写范式，可以与作为新史学的专门史研究遥相呼应。然而范式上的迥然不同，造成“十通”在现代研究者面前已散落成了一地散钱。研究财政史、音乐史、刑法史、地理史、边疆史等的学者们，倒也愿意秉持着拿来主义的心态，或多或少从《通典》等叠床架屋、密密麻麻的史实信息中作一些隔离式的撷取。只是变换了新的钱串子，虽然旧钱混杂着新币，但是新、旧之间的重重排异反应，让大多数研究者被迫弃旧取新。于是，当年在章太炎看来“最当详究”，在叶德辉看来连康章之徒“尚不配读”的第一等史学名著——《通典》（《章太炎国学讲演录·史学略说》，1935），如今也就成了花边式的点缀之物了。

被彻底打入冷宫的，更要数在我看来属于专门史早期重要史料的经传与诸子。对经传多角度、多层面的考证在清代臻于顶峰，其间有大量的专门史素材已被提取出来，有的尚未加工，有的进行过初步加工，形成了一件件原料、粗制品、半成品不等，散落在清儒所精心结撰的各类札记体著述中。梁启超曾大赞之曰："当时学者喜用札记，实一种困知勉行工夫，其所以能绵密深入而有创获者，颇恃此"，"欲知清儒治学次第及其得力处，固当于此求之。"（《清代学术概论》十七）清儒经史考证类的札记，与专门史的著作之间，只缺一套抟合成型的工序。1905年，刘师培写了一篇《周末学术史序》，拟从心理学史、伦理学史、论理学史（即逻辑学史）、社会学史、宗教学史、政法学史、计学史（即经济学史）、兵学史、教育学史、理科学史（即科技史）、哲理学史、术数学史、文字学史、工艺学史、法律学史、文章学史十六个领域来构建蕴于经传、诸子中的专门史之源，可惜仅成这篇序言，未能一一撰就。不想一百年后，两者之间的缺口越来越大，罅隙变成了天堑。如今的专门史著作，在铺垫该学科草创初期的历史方面，对经传竟越来越生疏，越来越隔膜，与清人札记中所蕴藏的无穷宝藏之间，几成动如参商之势。

试举一例以见之。《尚书·吕刑》有一句"王曰"的话："苗民弗用灵，制以刑，惟作五虐之刑曰法，杀戮无辜，爰始淫为劓刵椓黥。"这句话是中国刑法史的重要史料，对于研究五刑体系产生的源头至关紧要，因为其中牵涉到黄帝时代苗民最早所使用的四种身体刑罚：劓、刵、椓、黥，与《吕刑》后文所确定的墨、劓、剕、宫、大辟"五刑之属三千"，有一处显著的差异，即刵为割耳、剕

（刖）为膑脚。试看几种比较具有代表性的法制史（刑法史）著作，对此所作的相关分析：

（1）冯承钧《本国法制史纲要》（1923）："此外有苗之墨、劓、刵、宫、辟五刑。刑不止五，第古人重视三五之数，故于五数外之刖、膑、髡、鞭扑，皆略而不举。"

（2）胡旭晟《五刑溯源》（1988，收入《解释性的法史学》，2005）："其他众多典籍均将此处的刵记为刖，如古文《尚书》、《周书》《经义述闻》及许慎《说文解字》支部。因此，刵亦可能是刖之误笔，两字究竟孰是孰非，尚属存疑。"

（3）高绍先《中国刑法史精要》（2001）："劓刑又称刵，是劓人耳鼻之刑。"

（4）杨一凡主编《新编中国法制史》（2005）在"周代通行的'五刑'在商代已经出现"的小标题下引《吕刑》此句，以证椓刑即为商代的宫刑。

（5）张晋藩主编《中国法制史》（2010）："在苗民劓、刵、椓、黥刑罚的基础上，进一步发展为夏商周三代通行的'墨、劓、刖、宫、辟'等五刑系统，一直沿用至汉初。""夏朝吸收了苗人的五虐之刑，改'刵'为'髌'，改'椓'为'宫'。"

（6）马肖印编著《中国古代刑法史略》（2019）在第一章"唐虞时代的刑罚"下云："刵，也称馘、折馘。……这是我国古代割去人的耳朵的酷刑，始于苗，是法定刑。

相传为远古时期与华夏族人同时的苗族人所创。”在第二章“夏商两代的刑罚”下云：“刵，也称馘、折馘，是我国古代割去犯人的耳朵的酷刑。此刑始于殷商，属非刑。”在第三章“西周时代的刑法”下云：“在周代，刵行和劓刑同样被视作比较轻的刑罚，其刑罚目的只是以示惩戒。”

其中，例（1）、（3）、（4）三种史著显然犯了常识性的错误。《吕刑》学术界多认为是周穆王以后的作品，此句乃借周穆王之口追溯远古曾用过的刑罚，既然明确说到“蚩尤作乱”，“苗民制刑”，“重黎绝地天通”，可见《吕刑》的作者认为发生的时代是在夏以前“黄帝—尧—舜”五帝传说时代。所以例（4）节引此句，略去主语“苗民”，作为商代“椓”刑的书证，则殊不恰当。作者在前面传说时代之法律蠡测，却又并不援引此句，故而对此句中的“刵”刑之所指，未作分析。例（3）说“劓刑又称刵”，属于典型的刑种误读，而且作者在这一解读下主要援引了战国以后的史料，并未检得《吕刑》经文，恐是误袭前人、未作核实所致。例（1）则对《吕刑》记载到苗民作刑极为重视，将之作为刑法起于土著的参证，然而却将《吕刑》后文所确定的周代五刑，草率地冠以“有苗”的名号，由此造成典型的张冠李戴。这三种常识性错误的产生，应当都是作者对《尚书》经文不熟悉、未查检所导致，可见法制史研究的同仁对经传的积累过于单薄。

例（6）在唐虞时代、夏商两代均引用《吕刑》此句，可见作者难以判定明确的时代，而且前一处说刵刑“始于苗”，后一处又说刵刑“始于殷商”，明显前后矛盾。同时，作者还在夏商时代和西周时代两处均引用了《尚书·康诰》“劓刵人”，此句时代明确在西周，绝不可作为夏商时代的史料。不过此书启示了一个问题，也就是刵刑的使用是否确实如其所列，从黄帝时代的苗民，一直延续到西周。作者两处引用了《说文》：“刵，断耳也。”段玉裁注：“五刑之外有刵。”此条材料殊为珍贵。然而作者并未由此进一步辨析刵刑与五刑体系中的“刖刑”究竟有无关系，其对段氏《说文解字注》所蕴含的重大价值，可以说还处在不知其所以然的阶段。

例（5）作者认为夏代具备了五刑体系，乃是依据《晋书》《隋书》等后世史书的推想之辞，实不足信。王宏治《中国刑法史讲义》（第二讲，2019）已指出“这些都是后人根据西周的制度臆测的”，诚是。然王著却同样未能摆脱这一皮傅的做法，其依然引《晋书》《隋书》的话作为“苗民创造了劓、刵、椓、黥等肉刑，后被黄帝部落吸收改造为大辟、劓、刖、宫、墨五刑”的证据。今从甲骨文可考知，商代确实存在施用五刑的实例（赵佩馨《甲骨文中所见的商代五刑》，1973），然真正形成墨、劓、刖、宫、辟的五刑体系，能获得文献实证的只能是在西周，因为有《吕刑》和《周礼·秋官·司刑》同时作为书证。不过，例（5）的作者说后来的五刑体系，乃是改苗人的五虐之刑而来，最关键的就是改“刵”为“髌（刖）”，这应是作者提出的新见，可惜未能给出证据。

例（2）则对“刵”与“刖”的关系给出了明确的交待，说“刵亦可能是刖之误笔”。对此，作者给出的证据是如下四种文献将刵记为刖：“古文《尚书》、《周书》《经义述闻》及许慎《说文解字》支部。”由这一杂糅的表述即可知作者根本没有查证过这四种文献，因为《周书》即属于《尚书》的一部分，所指是同一对象，《经义述闻》则是清人王引之考证五经的札记，《说文》的作者许慎是汉代人，四者并列何等的不伦不类。作者之所以会如此表述，应当是直接袭用前人的研究成果而未查验的结果，据我推测，应当来自于蔡枢衡的《中国刑法史》（1983）。

且看蔡著的考证：“劓、刵、椓、黥或作劓、刵、劅、剠（《尚书·尧典》标题疏），古文《尚书》作刖、劓、斀、黥（《说文解字》斀下）。椓、劅、斀三字形异义同。刵是刖的误笔，原文当作刖、劓、椓、黥（《经义述闻》）。这是古文《尚书》。”蔡先生给出这四组文字的差异，是逐一经过自己查实的，他检出此四刑在文献中的异文，一是今本《吕刑》，二是《尧典》孔疏引用，三是《说文》斀字下引用的《周书》，其按汉代今古文学派归属法，认为许慎《说文》所本乃古文《尚书》。蔡先生之所以认为今本

《吕刑》的刵写错了，应当是刖字，则是采纳了王引之《经义述闻》的观点。如此，再对照例（2），可以看出蔡、胡之间明显的因袭痕迹，胡先生未能如蔡先生般逐一核校、寻绎原文，故而表述中文献相互杂糅，何以率尔作“古文”，《周书》所指是什么，他都是稀里糊涂的。

由此蔡枢衡得出的结论是：“《尚书·吕刑》‘苗民……爰始淫为劓刵椓黥’，就是关于苗族制定了肉刑体系的记述。”“苗族第一种肉刑，古文作刖，今文作膑。这和《周礼·司刑》有刖无膑而《尚书大传》有膑无刖，如出一辙。”这显然是在《经义述闻》考证结论的基础上，进一步作出的推断。《经义述闻》是清乾嘉札记体著作的巅峰之作，卷四有一条详细辨析《尚书·康诰》“劓刵人”和《吕刑》“劓刵椓黥”。王氏将先秦两汉经传、诸子中所有相关文献，以及后世书籍中引录的古文献冶为一炉，逐一参合辨析，从字形讹误、文献传抄、传注体例等多方面综合汇证，给出了一种他认为最有可能的史源推理，即《吕刑》之刵，乃刖字之讹，“汉世称述《尚书》者多矣，《史记》、两《汉书》及诸子书绝无言刵者，刵盖讹字也”。由此苗民的五虐之刑，也就纳入了周代五刑的体系之中，各种经史文献中刵、刖歧出的现象得到了最大程度的统一，不得不说这一做法是相当大胆的。

与王念孙、王引之父子同时代的段玉裁，并不同意《经义述闻》的这一观点。例（6）所引用的“五刑之外有刵”，正是段氏区别于高邮二王的绝佳创见。段玉裁之所以会在《说文·刀部》“刵”字下注出如下一句：“刵，见《康诰》《吕刑》。五刑之外有刵。军战，则不服者杀而献其左耳曰聝。”那是因为段氏在其所著《古文尚书撰异》（卷十七）中对这一问题已作出详细的考辨，兹引录其结论如下：

> 此条语意未明，云臣从君坐之刑，疑是蒙上文举郑《周易》注也，或系之《尚书》郑注，云……郑《尚书》注是“刖”字，经文“刵”当为“刖”之误。《吕刑》“刵、劓、劅、剠”，《说文》引作“刖、劓、斀、黥”，亦当改“刵”为“刖”。窃谓此《说文》字误耳，不得据误改经。……郑氏说《周易》语，今不得其详矣，不当证以左氏也。《康诰》《吕刑》皆有刵，不得云古无刵刑。

段氏所引的“或”云如何如何，指的就是王氏父子，他这一段札记显然是为了驳斥《经义述闻》考证刵乃刖字之误而写的。他认为王氏无铁证，且有文献内在的凿枘不圆满处，故而认为应尊重经文本身的差异，刵是刵，刖是刖，不可强行统一为一正一误。对于段、王之间这一段针锋相对的经义辩难，非经过对经义训诂的长期积累，不足以敏感地发现到。

法律界人士中最早注意到段玉裁这一考证成果的是沈

家本（1840—1913），其在《历代刑法考》（1912）“刵”条下中几乎全文引录段氏《古文尚书撰异》之说，但在最后却惺惺相惜地指出：“段氏所称或说疑‘刵’为‘刖’之误，不为无见，未可遽议其非。”（《刑法分考》六）沈先生不知段氏所谓的“或说”，指的就是王氏父子，可见其未及参考到《经义述闻》。此后陈顾远（1896—1981）在《中国法制史概要》（1964）在行文中已采纳了王引之的观点，指出“所谓刵者或刖字之误也”（第二编第三章“刑事法规”）。可见陈先生已参读了《经义述闻》，但他并未点出王氏之名。要到蔡枢衡的《中国刑法史》，方才正式转向全盘接纳王氏刵乃字误之说。

高邮二王、金坛段玉裁是清代经义考证的两座最高峰，今由苗民刵刑问题这一例证即可见一斑。由此，刵刑与五刑的关系截然形成两种相反的观点，王氏认为古无刵刑，刵即是五刑体系中刖之误字，段氏认为在五刑之外别有刵刑，只不过刵刑未纳入西周以来的五刑体系。清代以来的经学家或从王，或从段，由此形成对刑罚史源头看法的分水岭。比如孙星衍《尚书今古文注疏》认为“五刑本有刖无刵，则刖、刵，字之误也”（卷二十七），王先谦《尚书孔传参正》认为“‘非汝封又曰劓刵人’，伪古文也，今古文刵作刖，王说是”（卷三十一），吕思勉《读史札记》认为“《说文》所称，当系古文，则今文之刵乃误字”（《妇人无刑》）等，均采纳王氏之说。王鸣盛《尚书

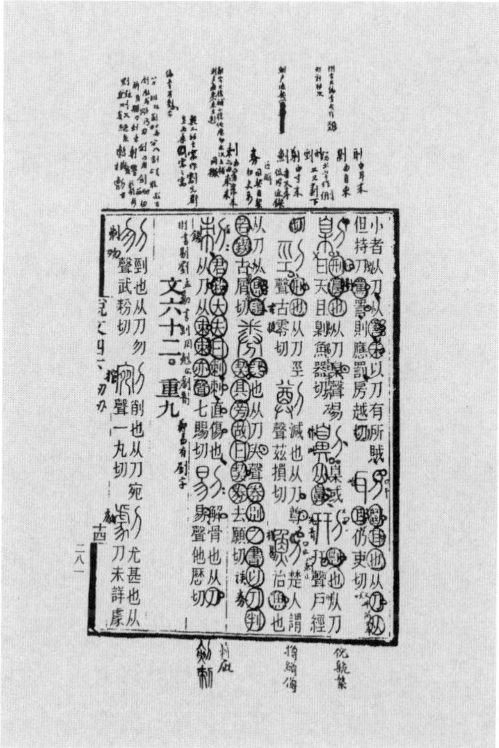

黄侃手批《说文解字》书影（“刵”字）

后案》认为“刵刑虽于下文所言，夏刑及《秋官·司刑》皆无之，但苗民所用，何必尽同夏、周？况《康诰》已有之”（卷二十七），章太炎《太炎先生尚书说》认为“刵于《周官》五刑无有，此《书》明言同殷罚，不得以周制绳之”等，均采纳段氏之说。作为专门史的中国刑法史写作，决不可回避这一宗学术史公案，否则就无法企及学术前沿。沈家本《历代刑法考》在内容处理上依从段玉裁，刵、刖之刑二分，在行文中也不忘点出有认为两者合一的“或说”，可惜其未查检到这一或说的代表性人物是王引之。相较而言，沈先生的做法是最合乎学术前沿的处理，属于大醇而小疵。至蔡枢衡仅采用王氏之说，全然不顾段氏的看法，则有嫌偏颇。我无意于苛责后来的刑法史家们，是学科的壁垒造成他们对段王之学越来越疏远，也就造成在两百年前已然达到的学术巅峰跌落下来，难以在专门史的分科体系内得到进一步的拓展与推进。

段王之学，还只是经史文献汗牛充栋之硕果的冰山一角。遥想清儒章学诚的感叹，学问与功力相辅而相成，如段王般能“搜罗摘抉，穷幽极微”，“于经传子史、名物制数，贯穿旁骛，实能讨先儒所未备”，在实斋看来“谓之学者求知之功力可也，谓之成家之学术，则未可也”，“指功力以谓学，是犹指秫黍以谓酒也”（《文史通义·博约中》，章氏原话是针对宋儒王应麟而发，移至段王身上，更为契合）。也就是说，段王之学的深厚功力缺的是现代学术分科和理论框架的洗礼，可惜实斋同样受制于那个时代的禁锢，“六经皆史”还是在传统的学术框架内转圈，未能够得上“新史学”的跳板。而如今，专门史的研究竟又跌入实斋所担心的另一偏——“学不可以骤几，人当致攻乎功力则可耳”，也就是理论有余，而征实之功力已远不逮，徒有酿酒之工艺而秫黍竟无处寻。

有鉴于此，我从2018年秋天起为历史系研究生开设“经学研究前沿”课，可惜专门史的同学大多以为此课无济于“新史学”，选课者极少。这也难怪，在“水管工人就不应该去拉扯电线开关”（黄仁宇《黄河青山》“剑桥，麻省”）的学术生态下，如何期待经义考证与专门史这两个一旧一新、一中一西几近南辕北辙的学科在同一个学者身上兼通呢？今年春季在天各一方的在线课程中，我再度抛出这一案例，新入学的计小豪君与我素未谋面，却彼此惺惺相惜，他更检得刖、刵二字皆见于甲骨，甚至还出现在同一片甲骨上（参见李学勤《海外访古续记（二）》，1992），由此从文献学的角度进一步质疑《经义述闻》之说者有三：云“刵”是否在五刑中与“刵”是否存在是两个问题，不可混淆；《康诰》“劓刵人”则未必是用五刑的概念；今本《尚书》文字有“刵”有“刵”，而无“刖”字，“剕”字既明为五刑断足之刑，“刵”应别表他刑无疑。如此看来段说之胜出，已如箭在弦上矣。不知选修了一学期“经学研究前沿”的计君，是否还会去选一门政法学院的课？或者能与专门史领域的学人合作无间？

段王之学这巨人的肩膀，迟早会撑托起专门史研究开辟出崭新的一片天地。明年若再上“前沿”课，将换一个案例掘入。

2020 年 3 月，新冠抗疫期间于清华人文楼
小暑大暑间完稿

雕菰楼学术人生漫笔

追随吴新雷师，在南京昆曲社习曲已两载，汪小丹社长嘱我略抒数言以志纪念，只惜未通曲道，甚觉心有余而力不足。想来素仪扬学，今值癸未岁末，屈指算来，恰是一代扬州学派巨子焦循（1763—1820）诞辰240周年。焦氏好曲，二百四十年前的扬州亦是曲苑重镇。曹聚仁有云：“古代的扬州，有如近代的巴黎，乃是全世界艺术文化的中心。”（《中国学术思想史随笔·扬州四谈》）于是翻开赖贵三《焦循年谱新编》（1994），雕菰楼主人作于清嘉庆二十四年（1819）中秋前夜的一首诗豁然映入眼帘：

黄河秋涨水连天，
排闼新添几尺泉。
独坐小楼读《周易》，
波光和月到灯前。

两百年前的扬州，风光旖旎，人文彬蔚，盛冠宇内，今人张舜徽特撰《清代扬州学记》（1962）以表彰之。1808年，在扬州学术史上更是值得浓墨重书的一年。这一年扬州府发生了两件大事，影响整个清代学术至深。一是段玉裁《说文解字注》历时三十二载始成，高邮硕儒王念孙为之作序，盛誉之曰“盖千七百年来无此作矣”。其二，江都白茆湖畔黄珏桥头，绵延三个世纪的老屋翻修已迄，复又于湖光山色间新葺一楼，名曰“雕菰楼”。此楼之修成，铸就了乾嘉时代另一位学术大师。雕菰楼高方丈许，四旁置窗，面柳背竹，庭植山茶、海棠、蜜菊、玉兰、金桂、牡丹，楼外行人往来趋市，湖上帆樯点点，波光粼粼，远近渔灯牧唱，春耕秋获，尽纳于牖。楼主即“最足以代表扬学精神”（曹聚仁语）的焦循。

焦循一生饱读经书，为学圆通博大，其学术成就首在经学。焦氏历数十年之功手批《十三经注疏》，于字里行间、天头地尾密书读经体悟、治学历程，今人赖贵三乃焦氏之知音，尝撰《焦循手批十三经注疏研究》（2000）以明其体例，显其鸿义。焦氏学术的制高点在其对群经之首的《易经》进行了深入的钻研，所著《易章句》《易图略》《易通释》合称“雕菰楼易学三书”，为《易经》“凿破混沌，扫除云雾”，“一一推求，皆至精至实”（王引之语）。焦氏治学长于贯通，《易经》之外，于他经亦各有胜场，更于经、史、子、集各部均有著述，规模宏阔，识见迭出，详参赖贵三《焦里堂先生著述书目》，共计61种。亦只得如梁启超那般“未精读，偶翻卷四论声系、卷十七论曲剧各条，已觉多妙谛”（《书籍跋·易余籥录二十卷》）。钩玄索隐，因缘凑巧，拈出焦氏一生治学、习曲之二三事，以助廓显雕菰楼主人逸雅而又执着的学术品行。

主人一生清贫正直却酷爱读书，其治经于17岁时自《钦定诗经汇纂》始，为购《十三经注疏》竟廉价典出妇人藏珠十余颗，一昔梦寐得获，读之如痴如醉，夜间秉烛披阅，充耳不闻窗外风雨枇杷击门声，曾自作诗句“惊人似龟窗前树，诱我如痴几上书”以识之。46岁雕菰楼筑成后，更是托疾闭门读书、著述，恬淡寡欲，功名之心涤尽，足不入城市者十余年。焦氏能于经、史、子、集四部淹通博贯，盖有以也。其曾自叙学《易》之心路历程，兹引录于下，以见一斑：

余自弱冠即学《易》，至四十岁，此二十年中，奔走科场，兼习他学，未尝专也，而一无所得。自四十至四十七，此八年专于学《易》，始悟得旁通之旨。然名利之心未净，其中修郡志者四年，故虽有所得，终不能融贯也。庚午至今五年，无一日不穷思苦虑，一切功名仕宦，交游庆吊，俱不扰吾心志，乃日有进境，譬如蕉叶之生，一叶长于一叶。其未得也，甚苦；其得也，甚乐。乃知学《易》前后三十年，仅有此四五年也。抑且四十以前学六

书音韵之学，学九章天元之学，诸学既明于胸，而此四五年中，乃得空诸所有以研究其微。（《易广记》卷一）

主人一生嗜花，植花、养花，惜花、护花，与花为友，花伴终生。试看其楼之布局。雕菰楼北有两株百尺老桑，荫下篱边植蕉枝数棵，篱外有竹数亩，此乃“柘篱”。顺竹林小径以达后扉，径东亭外植红薇数十本，薇竹相映，故命亭曰“红薇翠竹亭”。径之西南存先曾祖父手植黄梅一株，历百余年，旧干已萎，新枝俨然成树，梅边置屋曰“蜜梅花馆”。馆右乃主人幼时读书所在，晚年复于其中精研《易》理，名为“倚洞渊九容数注《易》室”。室外有“木兰冢”，旁植海棠、木樨、牡丹各一株，有屋为舫状，面之，石刻东汉仲长统小像并《乐志论》嵌于壁，曰“仲轩”。轩外高柳数十株，间以桃，带于山茶，采东坡居士诗句以名之，曰“花深少态簃”。于雕菰楼上，启窗而望，绿影摇曳，红粉叠翠；焚香对花，怡人情志。蜜梅大开，香气溢于垣外；银薇花发，逸致与竹辉映。一时白菊、剪春罗、玉簪、红绣球相间作花，金缨结实垂于树。莞花有叶，雁来红变；蒲兰有芽，孤灯畅发。主人于一年之花事，殆无一时辜负之。主人亦为花作画题诗，曾有《独步早春，直全其天》一幅并题诗，诗作首二句曰：“频年笺注浪涂鸦，午倦抛书日未斜。赠砚尚余残墨在，圈圈点点作梅花。”

“木兰冢”之得名，更有一段来历。楼庭之中主人先

出演昆曲《玉簪记·琴挑》（2004.12）

徐雪珍老师写题顾涛演《琴挑》潘必正

祖曾手植木兰一株，高数丈，围二尺许，花发时如玉琢浮图，煞是美观。一年秋后遭连雨，玉兰忽大放花，与春月无异，已而花落，兰枝亦萎。主人至为痛惜，不忍去之，又不忍见其凋落状，于是断其上枝，存根株数尺，覆土作丘，标以石峰，高七尺，赐名曰“木兰冢”，永以存念。主人于花情意深重若此，“花痴”之谓（范耕研语）殆非邀誉。

焦氏另有一痴，则是迷恋于看戏。乾嘉年间，扬州俨然便是全国戏曲活动的中心，仅昆腔已有闻名遐迩的“七大内班”，此于李斗《扬州画舫录》中可见一斑。主人置身其中，故得遂其趣。其晚年撰写《孟子正义》，同时亦每天留有日记，记至去世前十九天，这为后人留下了明证。此本日记草就于主人废弃之手写本《道听录》稿纸背面，该稿本为王鸿甫所藏，后转示吴承仕检阅。弃稿残缺凌杂，字迹漫漶，幸吴氏反覆谛观，逐字细审，钞录并转载于章太炎主编之《华国》杂志第一卷第九、十、十一期（1924）。然杂志印数绝少，时日一久，殊难觅见，又幸赖贵三于台北傅斯年图书馆偶得文海出版社之影印本，因转载于《焦循年谱新编》卷末。此乃不幸之大幸！得王、吴、赖诸先生使吾等后生得睹焦氏之绝笔。由日记可知，1820 年 3 月 27 日至 4 月 29 日，主人至少携家眷赴高家桥看演戏十二次，其时主人屡犯足疾，距其逝世（7 月 27 日）仅三月之遥。焦氏恋戏之情于此毕见。主人平日亦博览词曲，有重要的戏曲著述传世。其 43 岁（1806）撰就

《剧说》六卷，从汉唐至清初近200种著作中钩稽关于戏曲的资料，辑录并评论，述中寓论，系统地阐述了其戏剧理论。晚年观戏之余，又与农叟、渔父等围坐柳荫豆棚下，谈论戏剧，并为众解说故事，有村夫子笔录于册，更经主人增删，因其主要是对《铁丘坟》《龙凤阁》《两狼山》等十部花部乱弹剧目的考证议论，因名曰《花部农谭》，时年主人57岁（1819）。《剧说》和《农谭》二著可谓中国戏曲史上戏曲考据学早期之典范著作，影响近一个世纪的戏曲研究。

今摘出《剧说》卷一之一条，以见焦氏于摘抄中所蕴之“妙谛”：

《笔麈》云：“杜佑曰：‘窟儡子，亦曰傀磊子，本丧雅也，汉末始用之于嘉会，北齐高纬尤好之。’今俗悬丝而戏，谓之‘偶人’，亦傀儡之属也。又以手持其末，出之帏帐之上，则正谓之‘窟儡子’矣。”又云：“汉有鱼龙百戏。齐梁以来，谓之‘散乐’。乐有舞盘伎、舞轮伎、长蹻伎、跳剑伎、吞剑伎、掷倒伎，今教坊百戏，大率有之，惟掷倒不知何法，疑即‘翻金斗’。‘翻金斗’字义，起于赵简子之杀中山王，以头委地，而翻身跳过，谓之‘金斗’。”按：今之演剧者，以头委地，用手代足，凭虚而行，或纵或跳，旋起旋侧，其捷如猿，其疾如鸟，令见者目炫心惊，盖即古人掷倒伎也。

此条摘录的傀儡戏和翻筋斗两大曲伎，来源是明人于慎行（1545—1590）《穀山笔麈》，于氏又引录唐人杜佑（735—812）制度史名著《通典》的记载。傀儡戏的记载，见于《通典》卷一百四十六《乐典六》的“散乐”条，其文如下：“窟礧子，亦曰魁礧子，作偶人以戏，善歌舞。本丧乐也，汉末始用之于嘉会，北齐后主高纬尤所好。高丽之国亦有之。今闾市盛行焉。”对照焦氏引文可知，《穀山笔麈》除有两处异文及个别字词的出入外，将此曲伎之原是“丧乐”，抄误作“丧雅”，又省去两条重要信息，一是最早的儡子的基本特征是“作偶人以戏，善歌舞”，二是此戏早在唐代即流传到了高丽。然而《笔麈》却新增入了此戏在唐以后的流传，即发展为后来的木偶戏，其特征是“悬丝而戏”“出之帏帐”。经由杜佑、于慎行，傀儡戏的历史演变过程清晰可见，这正是焦循慧眼所及之者。后一条翻筋斗，后来在戏曲中颇常见，戏曲史家多所考释，《笔麈》溯其源头至战国赵简子，并缕述其流变，焦循在按语中则劲儿对此伎在戏曲中的运用做了细致说明，史料价值极高。后来齐如山在《京剧之变迁》（1935）中完全袭抄自《剧说》，却只是标出《笔麈》之名，竟直接将焦氏的按语变作自己的说明。后来上海戏曲学校的顾兆璋专门发表了《“筋斗”释名》（1983），才对焦氏的杰出贡献予以表出，顾先生说：“到《据说》中，‘筋斗’的含义才解释得比较明确。”“焦循第一次把人体向各个方面所做速度很快的倒头为跟，翻身旋转等动作都统称为‘筋斗’。”这是在比较了唐崔令钦《教坊记》、宋吴自牧《梦粱录》、清翟灏《通俗编》等著作之后，得出的中肯的评论。顾先生不愧为戏曲界武戏教学名家，其编著《戏曲翻技经》（2017）已在海上出版。

雕菰楼主人一生，布衣蔬食，恬淡素雅，著书为事，湖山为娱，其留给后人的唯有一箧书稿。然而主人的书稿得以刻印、流传却实属不易。其子焦廷琥，长于诗书，堪称“瑞士”（阮元语），主人殁时《孟子正义》稿本初成，尚未誊清，廷琥于哀泣之余且校且誊，日渐肌肤瘦削，心血久亏；一旦精神稍振，校阅益勤，劳思殚虑，竟于一年后旋亦病逝。所校书稿，药沥泪痕，斑墨点点，不忍卒睹。后由廷琥叔父、主人之弟焦徵继起，续事校印。父子、兄弟间之情谊至深至笃，感人肺腑。成就主人之事业，廷琥及徵之功不可抹也。兹引焦徵在《孟子正义》刻成时写就的一段回忆如下，以念其境：

徵以事身羁旅舍，誊校先兄书，未敢少怠。更深人静，风雨凄凄，寒柝争鸣，一灯如豆，忆及兄侄，涕泗交横，废书待旦，非复人境矣。一年之中，迭遭丧病，先兄著述待刻者多，寒素之家，力难猝办。徵衰病无能，营谋事拙，谨与家人相约，各减衣食之半，日积月累，以待将来。

如今凤凰出版社以陈居渊为主编，先后已将焦氏著作之主体《雕菰楼易学五种》(2012)、《雕菰楼史学五种》(2014)、《雕菰楼经学九种》(2015)、《雕菰楼文学七种》(2018)点校出版。我在文成之后，于图书馆屡屡得见“雕菰楼”三字，每每怦然心动，然心境已殊，回想十数年前，沉浸在雕菰楼之雨露沐浴中，情不能已。“熏风植卉行萧萧，半是经生半是痴”，是落日余晖下主人的素描图。

2003年11月文稿甫成，惊闻曲家王正来先生辞世之噩耗，痛惜之极

刊于《南京昆区社社讯》2003年第1期

2013年11月修订一过，悉尼大学

经学研究的浙东气韵

一、绵延

经学研究，今尚难遏落寞之势，盖三百年来罗网未曾决破之故也。

对清学作规模化梳理，发轫于章炳麟《清儒》一文（1902）。章氏以乾嘉之统系创辟于顾炎武，分庭为吴、皖二宗，吴派“皆陈义尔雅，渊乎古训”，皖派“皆参密严瑮，上溯古义”，此二者所长；然细玩章文，终难泯其“朴学残碎”之心迹（可参徐复《訄书详注》，2000）。数年之后，章氏在予其高弟吴承仕的手札中，极论二派之弊在于“敦守旧贯”“沓集旧事”“繁言碎义”“蹈常袭故”（1911年10月14日致吴承仕书，《吴承仕藏章炳麟论学集》，1982）。章氏正反两说，学界均承而续之。

梁启超接棒《清儒》正面之论，重在发掘朴学实事求是的考证风格（《清代学术概论》，1921；《中国近三百年学术史》，1926）；钱穆则洞悉章氏所陈之弊，在后出的《中国近三百年学术史》（与梁氏同名之作）自序中明确指斥："乾嘉学术一趋训诂考订，以古书为消遣神明之林囿。"职是之故，钱先生在清代"考证之学，乃专趋［顾］亭林博学一边"的洪流中辟出浙东学派一脉，为其论评之绳尺，钱云："浙东史学，遂皎然与吴、皖汉学家以考证治古史者并峙焉。"（《中国近三百年学术史》第二章"黄梨洲"）又云："自章氏（学诚）之论出，则顾氏（炎武）之说自破，而吴、皖学者考核古训、古礼之精神，亦且废然而知返也。"（《国学概论》第九章"清代考证学"）在钱著《中国近三百年学术史》中，已断然撇去段（玉裁）王（念孙）、王（鸣盛）钱（大昕）等之踪迹。其实，梁启超在早年的《论中国学术思想变迁之大势》（1904）中粗言清学崖略，亦曾有"吾于诸派中宁尊浙东"之说；可惜，此后梁氏未尝深发。

浙东学术之精蕴，自当以章学诚（1738—1801，绍兴会稽人）所揭最为典要。章著《文史通义》特置《浙东学术》一篇，溯其本人学承黄宗羲（1610—1695，绍兴余姚人），直宗王阳明（1472—1529，绍兴余姚人），治学旨归在于："浙东之学，言性命者必究于史，此其所以卓也。"钱穆释章氏之意曰："浙西讲经学，浙东重史学，实斋《文史通义》唱'六经皆史'之说，盖所以救当时经学家以训诂考核求道之流弊。”(《中国近三百年学术史》第九章“章实斋”)当时经学家，即声势隆盛的吴、皖两派，明标经学，实则终身沉溺于小学，抑或文献、名物，在崇古求真的高帽底下，争持门户，或迂腐自矜，或夸媚取荣。此与班固当年所讥“碎义逃难，便辞巧说”(《汉书·艺文志》)之习，可谓异代不同时。在此意义上，浙东一路，立心在史学经世，固在深砭而力祛俗弊，期将经学拉回政事章制、人伦日用的轨道上。此途下启黄以周(1828—1899，宁波定海人)，直讫孙诒让(1848—1908，温州瑞安人)，清季终收束为浙东经史而成其殿军。“朴学”之桀镬，又何其能概之?

惜哉！章逝二百年，孙殁一百年，高标“无用之用”(《庄子·人间世》)的考证之风再度甚嚣尘上。王国维之所谓“余谓凡学皆无用也，皆有用也。……世之君子可无知有用之用，而不知无用之用者矣”(《国学丛刊序》，1911)，一时风靡，然误读之者不乏其人。想三十年前，京都学者池田秀三慧眼有识，寄言云，由王念孙至王引之，“舍弃大道，以小学本身为终极目标”，“其学问性质乃反经学或脱离经学的”(《训诂的虚与实》，1981，石立善中译本，《中国经学》第5辑，2009)，其言在昔而意在今。中国学界，沉迷日深，于此东瀛来风，置若罔闻。特立于当代学坛者，当推浙江绍兴虞万里。虞先生长年浸淫经史，树风先贤，十多年前即以榆枋斋之名声驰学坛；三年前，《缁衣》研究专著成(《上海博物馆藏楚竹书〈缁衣〉

综合研究》, 2009), 我见而惊呼“新经学之冰山一角终于浮出水面”(《新经学重建之路径探索》); 今再睹其十多年来论作之汇集凡 120 万言(《榆枋斋学林》, 2012), 心迹肯綮, 果然首尾俱见, 抚读月余, 始悟铸就此冰山之根基底层, 昭然可见那绵延如缕的浙东气韵。故试为抉隐, 晓诸学界。

二、功力

虞先生与王、黄、章的籍贯同属绍兴, 此乃表像上的联系。日人山口久和曾经敏锐地发现, 近年来像《浙东学术史》这样的著作, 曾逐一条理绍兴、宁波、温州等八府的所谓浙东地区学者, 但其中一大批“一个也没有被章学诚容许记入他的‘浙东学术’系谱之中”(山口久和《章学诚的知识论》, 1998, 王标中译本, 2006)。真正的浙东气韵, 端在于以史法治经学, 用《文史通义》开篇第一句话说, 就是:“六经皆史也。古人不著书, 古人未尝离事而言理。”虞先生之所承, 适在此。分而言之, 厥有二端。

其一, 章学诚云“古之所谓经, 乃三代盛时, 典章法度, 见于政教行事之实”(《文史通义·经解上》), 故发掘经义, 贵不空言说教, 而能以历史实证服人。虞著研《书》《诗》《礼》者各 4 篇, 又《诗》《礼》交织者 1 篇, 均采用此法。姑举前三篇考索相传伪古文《尚书·咸有一德》

为例。《咸有一德》为创论中国君臣之道的名篇，孔传谓此篇“言君臣皆有纯一之德”，至唐宋时人尚深具信仰：“夫一德之所在，天之所在，民心之所在也。有此一德，天必佑之，民必归之。”（虞著引张九成语，第37—38页）此篇的积虑产生于宋以后，尤其是清阎若璩、惠栋为首，由汉代所生篇次排列的分歧，连及篇中经句文辞逐条大加纠弹，宗旨在证此篇为伪作。由此，《咸有一德》地位骤降，篇中所蕴经义扫地殆尽。虞先生则反其道而行之，借由清华简《尹诰》的公布，重新求证此篇所牵涉的各大疑虑症结，使得铅华尽褪，珠玑露面。虞先生的贡献集中体现在两个方面。

（1）对“一德”本义的历史考证。此篇的滞涨与“一德”自孔传以来被误解为“纯一之德”，有很大关系。虞著指出，在周代以前一德所指实是“成汤网去三面独留一面之德，亦即仁爱之德”（第50页），伊尹称颂商汤的，正是在田猎时网罟仅设一面的具象可见之德性，至春秋以后由此普遍化为抽象的“仁德”。由“一德→仁德”历史变迁的解释理路，冲破了陈陈相因的“纯一之德”说，可谓发千古之覆。虞说是建立在拥有《吕氏春秋》的直接证据，以及对“一”“德”“仁”三个关键词进行大量的历史语言学实证的间接证据之上，令人悦服。《尚书》此篇关涉中国道德论的源头，之所以被列为“经”，厥意可见。

（2）对《咸有一德》性质的推阐。虞先生更由考释此篇成书时的“一德”本义，进而下推，对此篇的流传，一直到汉孔安国作传，魏晋间编定成今本的历史全过程进行实证性追溯。从体式上推定清华简《尹诰》是经，《咸有一德》是汉代孔安国（或其后学）所作推衍阐发经文的传，今传本则是魏晋以后人所编成，大失原貌。虞著排出孔传本十二简之旧观（第33—34页），以及今本如何为整理者所错简之最大可能性，由此使此篇的历史演进纤缕毕见。阎、惠等为牵合伪书说所下的大量繁碎死工夫，若能跳出井底，便可不攻自破。虞先生的经学研究法，将构成一种新范式。

其二，章学诚云“事变之出于后者，六经不能言，固贵约六经之旨，而随时撰述以究大道也”（《文史通义·原道下》），故研治经学，贵不拘执经句，而能纵横四部，多方采铜。虞先生的经学造诣，恰恰在于能以开放的心态，纳各类史料于一炉而求其贯通。在虞著中，有两大制度史专题，一是避讳起源，二是姓氏源流，前者是宗教禁忌的礼制外化，后者是宗法血缘的隐性标记，均是由经学而生发出的史学大课题。虞先生研究避讳，自1990年抄录卡片，到1993年成稿，2006年修订，期间所下工夫可知。今借《商周称谓与中国古代避讳起源》一文可窥得其中所引录史料，除先秦经史全部文例外，尚有甲骨、金文、考古实物、民族志、外族调查，以及清代、近现代学者从制度史、人类学上所展开的大量研究成果。该文篇幅百页有余（第 555—663 页），出示引文出处的注释不下三百条。仅就其中所采新石器时代的考古发掘报告为例，包括甘肃临洮寺洼山、秦安大地湾、陕西西安半坡、宝鸡北首岭、临潼姜寨、华阴横阵、四川大溪、山东胶县三里河、辽宁喀佐东山嘴、浙江良渚等，富赡非常人所及。尤可宝者，文中引用哈佛大学皮博迪博物馆和法国波兰多第一大学两位人类学教授，对法国东南部黎凡特地区距今八万至十万年前的墓葬特征的研究报告（Ofer Bar-Yosef and Bernard Vandermeersch, "Modern Humans in the Levant",1993），证明"鬼魂观念与墓葬、巫术几乎同时产生，目前可上溯到旧石器时代晚期"（第 656、661 页），中西相贯，让人拍案叫绝。

对姓氏的研究，虞著共入收五篇（《孙诒让〈广韵姓氏刊误〉推阐》(卷上），2000；《〈广韵〉姓氏来源与郡望音读研究》，2008；《先秦至唐宋姓氏书之产生与发展》，2010；《明清以来之姓氏与姓氏书》，2010；《姓氏起源新论》，2011），大致自 2000 至 2011 年，基本上延续避讳研究之法，大量采用先秦各类资料，以证明周代出于政治需要，"分封（大封同姓）是扩展与控制，宗法是聚权与收族"，由此"凸显姓之重要性（标志血缘），以达到姬姓大同、长治久安的政治目的"（第 988—999 页）。需要指出的是，在这一专题下，虞先生考索的范围大大扩展到秦汉以后，自《世本》之

《氏姓》篇，沿东汉（王符、应劭2家）、六朝（《姓苑》等均逸）、唐（《姓纂》等）、宋（5家）一路下来，直至明（4家）清（4家）、现当代（6家），古今姓氏书可谓网罗殆尽。行文的表面是学术史的梳理，而内地里透露出的，正是作者为钻研这一专题，于史料涸泽而渔的一贯风格。

利用近年来新发现的材料，似已成为史学预流之共识，不过大多只是慕名蜂拥而至，冷饭热炒与牵附钻营者居多，正章学诚所斥为“竹头木屑之伪学”（《与邵二云书》）。而虞先生则立心在经学，其研究简帛钞本，已然独树一帜，风格卓异。依托新材料，往往能使经学史上诸多争讼千古的硬骨头，化解于无形。此于其简本《缁衣》研究，已然尽现，且获得学界之赞誉（虞著荣获首届清华大学李学勤中国古史研究奖三等奖，2013.6）。为一清眉目，特将虞著中详论的数种经部新材料胪列于下，其突破之所在，不烦详述，读者谅之（第一条上文已述）。

<table>
<tr><th>新见史料</th><th>篇名编号</th><th>地点（公布时间）</th><th>史料时代</th><th>涉及文献（或史事）</th><th>突破点</th></tr>
<tr><td>清华简</td><td>第一册《尹诰》</td><td>入藏清华大学（2010）</td><td>战国</td><td>古文《尚书》及孔安国传</td><td>经义、经传体式</td></tr>
<tr><td>上博简</td><td>第一册《孔子诗论》</td><td>入藏上海博物馆（2001）</td><td>战国</td><td>《诗》孔门之传</td><td>经义、经传体式</td></tr>
<tr><td>郭店简</td><td>《缁衣》篇</td><td>湖北荆门郭店（1998）</td><td>战国</td><td rowspan="2">《诗》三家说</td><td rowspan="2">汉代经学传授脉络</td></tr>
<tr><td>熹平石经残石</td><td>《鲁诗》136块</td><td>河南洛阳出土（1921–1957）</td><td>东汉</td></tr>
</table>

续表

新见史料	篇名编号	地点（公布时间）	史料时代	涉及文献（或史事）	突破点
吐鲁番文书残片	《吐鲁番出土文书》60TAM332：9/5	新疆阿斯塔那332号墓（1996）	唐	《春秋经传集解》	唐代《春秋》传习
	大英图书馆东方部馆Or.8212/979a	新疆吐峪沟（2005）	唐	《切韵》	唐代韵书传钞
黑城文书残叶	《黑水城出土文书》F43：W1，F90：W1–3	内蒙古额济纳旗亦集乃路（1991）	元	袁俊翁《四书疑节》	元代“四书”传习
上博藏稿本	清沈大本《礼记订讹》	上海图书馆藏稿本（未刊印）	清	《礼记》	汉代经书传钞
	《齐鲁韩三家诗释》	上海图书馆藏稿本（2008）	清	《诗》三家说	汉代经学传授脉络

三、性情

读虞先生书，见其于四部典籍、书本遗迹如数家珍，常叹其淹博德识为难能，此固其学养功力所在。然章学诚进而以为“浙东贵专家，浙西尚博雅”（《文史通义·浙东学术》），读者若徒溺于宏博，便无以得窥虞著之心。

浙东之学非鄙弃博雅，而在于博雅的考证中透射出一贯之道，余英时曾借用英哲伯林（Isaiah Berlin，1909—1997）“狐狸”与“刺猬”的譬喻，来说明这个问题：“‘狐狸’正似实斋笔下的博雅考证学家，而‘刺猬’则运用‘别识心裁’以成一家之言的‘专家’也。……‘狐狸’知道很多的事而缺乏一个中心系统来贯穿它们，则这许多知识便都没有意义了。”（《论戴震与章学诚》）那么，刺猬用以贯穿学问的中心系统究竟是什么？章学诚已有明确交待，章云：“善言天人性命，未有不切于人事者。三代学术，知有史而不知有经，切人事也。”（《文史通义·浙东学术》）所谓“六经皆史”，所谓以史法治经学，“正以切合当时人事”最为可贵，用钱穆的话说，就是“注意于文献人物之史”（《中国近三百年学术史》第二章“黄梨洲”）。虞著之所得力者，正在善于透过文献追踪历史人物。

能显豁体现虞先生用心的，便是考辨《正统道藏》的主纂者为任自垣，由此彻底清算了盛行学界六十多年的张宇初说。《正统道藏》乃道教经籍之渊薮，若连纂修者都无法确定，则整套丛书的资料来源、取舍精粗等大关节都无法考实，阅读与利用就如同断线的风筝一般。虞先生自 1983 年以来即沉潜于道经，此积郁哽于胸中，至二十年后，机遇终于横空出世——寻觅到新材料明成祖《道藏经序》（2000 年公布），由此熔铸新思，遍辑相关史料，将《正统道藏》的纂修经过进行了彻底的清算：任自垣为总裁，吴大节、涂省躬、林刚伯为重要纂修人员，另有王利用、姚宗礼统领钞录，时间在明永乐十七年至二十年（1419—1422），大致完成；此后，又由邵以正于正统九年（1444）领导校正、修订，历时同样为三年而最终蒇事。这部道经总汇，今已层垒迭压为一个布满褶皱的平面，经虞先生的锦心妙手，其成型的步骤细目，其间委婉曲折的人事动态，可谓历历如在眼前。由此一来，被现代道学名家陈国符、胡道静、李养正等普遍接受，又收入《中国大百科全书》《中国道教大辞典》《中国古籍善本书目》等权威工具书的所谓“四十三代天师张宇初及其弟张宇清编修”之说，完全落入子虚乌有。虞先生的这项工作，将改变学界对于《道藏》的基本认识，这一段道教史将有必要予以改写。

诸君请留意，虞先生之措心道经，且能取得如此一网打尽的成绩，绝非无心插柳所能致。儒道二家自孔子问道于老子的源头上看即密不可分，汉魏以后交织之程度更炽，且逐渐融入民生日用。如果借用鲁迅的名言说“中国根柢全在道教”（《致徐寿堂》，1918.8.20），可以想见，不能打通三教壁垒，穿穴于儒家经典内部，亦不过是变相的文献学而已，实不足以经学相称。

一部典籍的水平与得失，从内容到编订到钞录，和参与其中的每一个人、每一步决策、每一项变动均有不可分割的紧密联系，这便是史心在人的真谛。依着这一路径，细读虞著考实《永乐大典》《康熙字典》两部大书的修撰人员及经过始末，甚至对献《古文尚书》者梅颐、《近思录》编纂者吕祖谦、持论王肃伪造说的正反诸家等的辩证剖析，自可得异曲同工之妙。

这一路数发挥到极致，便是对今传本五经如何成为今天这个面貌的立体回原。铺平为同一平面的今传本任何一种典籍，均已将隐藏其背后的各个时期的人为因素迭压起来。如果能将这些历时因素予以充分离析，一一揭櫫，附着在经籍表层的神秘光环便将被逐步清除，回归到的将是经义的原生态。虞先生是这一领域有意识的拓荒者。兹以虞著研究汉四家诗传授为例。今传本《诗经》充其量只是汉代以来四家传承中毛诗一脉，大非汉代三家诗（齐、鲁、韩）之主流。清代以来朱士瑞、陈寿祺父子、王先谦等沿着乾嘉考据的路子做了大量辑佚和归派的“穷年累月的蛾术专研”（第 257 页），呈现出了《诗经》早期传承中各种异文，但滞于各类原因，他们分析的正确率仅达到 34.9%（第 149 页）。虞先生在清人的基础上，利用新出土的石经、竹简，对先秦经籍由成书到汉唐传承的过程进行了尝试性复原。基于“《诗》之文本在经典派系争论攻战和文字形体演蜕剧变之中，颤颤巍巍走过八百年，至唐《五经正义》及开成石经而始告定型”（第 152 页）的历史事实，首先，制定基本框架三大列：（1）经籍成书的春秋战国，“言语异声，则各国诵《诗》吟句，不免同句异声；文字异形，则晋系、齐系、燕系、楚系之文字构形各有面目”；（2）经籍传钞的汉代，“各家师弟子传授之际，弟子记录时有方音方言，俗体别字，复又传钞率尔，错讹横生”；（3）毛诗独行的六朝，“别体异构，俗写草书，又兴起新一轮异化与融合”。（第151—152页）其次，进行86条个案考证，凸显出在传授、记录、钞写过程出现差异的表面背后，是由语言的形、声、义以及文本错简等所造成的一系列深层原因。而这些都是某一个或某几个人物个体的必然性（时、地）和偶然性（传、钞）因素在历史中所起的作用。在这一路径上，虞先生对《诗·小雅》“裳裳者华”“常棣之华”的“裳—常”字所作出的同声符形声字通假的字形分析，可作为范例（参见《由〈诗论〉“常常者华”说到“常”字的隶定》一文）。经分析，在传钞过程中何以形成“常—棠—裳—棠—唐—尝”的六种字形差异（异文组）的历史因素，涣然冰释，当年经师、钞手们粗率不拘、仓促换字、苟简趋省等心理，如同被“摄影机”般在千年后再度重现。

同样的思路，虞先生也施诸于其他经籍，比如《三礼郑注“字之误”类征》（收入虞著，6万字）和《郑玄所见三礼传本残阙、错简、衍夺考》（《中国经学》第12辑，2014，5万字）两文，用力则在“三礼”。这项开拓，所依托的史料零散而细碎，要求研究者对残留的蛛丝马迹具有侦探般的敏感，下得起“上穷碧落下黄泉”的苦工夫；同时，又因时空悬隔、史料片断，要求研究者具有丰富的历史想象力，对人物心理进行高难度的逻辑推理。两者缺一，稍有闪失，便可能与历史的真实谬以千里；两者结合，恰恰体

虞万里《榆枋斋学林》（2012）书影

虞万里先生在榆枋斋

现出研究者本人的学术性情。经学的研究，被开掘到古人的生活实态和内心世界，必将展现出非同寻常的活力。

由此反观章学诚所说，“言学术，功力必兼性情”，史料的裁取，谓之功力；史识的裁断，肇自性情。章又说，“功力有余，而性情不足，未可谓学问也”（《文史通义·博约下》），钱穆释之曰：“学者从入，必发端乎一己之性情，而成为经世之事业，乃得为学业之真。”（《中国近三百年学术史》第九章“章实斋”）虞先生正因其学无门墙，无拘稻粱，一任性情，概可谓得之。

四、文质

悉心虞著者，当不难看出，虞先生的学问很大程度上根柢于浙东之孙诒让。就姓氏学而言，虞先生说，“自清季孙诒让为作《广韵姓氏刊误》二卷，嗣后绝响”（第 472 页），由此引发出他本人一系列关于姓氏起源的研究，竟而至于将其在声韵、训诂、文献、地理、章制、甲金等领域的雄厚积累糅合为一。要知孙氏之学，上溯有清，广博堪称独步，精深罕有其匹，最得乎“博雅”与“专家”兼擅之精蕴。1899 年，孙氏历二十七年撰成《周礼正义》之鸿篇巨制，自序谓“闳意眇恉，通关变常”，“经世大法，咸粹于是”，此 19 世纪学术之水坝闸。

1901 年，孙氏别撰《周礼政要》二卷成（初名《变法条议》)，旨归则转向捃摭中国政教（孙以《周礼》为最精详）“与今泰东西诸国所以致富强者，若合符契”（西安官书局，1904），融合之以中制为纲，西政为目，分设朝仪、宫政、教胄、选举及至矿政、水利、狱讼、西律四十途。此20世纪学术之泄洪口。

我仍愿追踪章学诚，其曾作过如下之天喻：“夫天浑然而无名者也。三垣、七曜、二十八宿、一十二次、三百六十五度、黄道、赤道，历家强名之以纪数尔。古今以来，合之为文质损益，分之为学业、事功，文章、性命。”（《文史通义·天喻》）为“文”的博雅，故当“风气既弊，学业有以挽之”，孙《周礼正义》足以当之；为“质”的专家，故当“风气未开，学业有以开之”，孙《周礼政要》洵为合辙。以学术史之大势言，我同样期待虞先生的“两汉经籍史”早日问世，刹住世风之日沉，此为文；更期待虞先生能于经籍之数度中抉出“学业将以经世”之大道，开闸经学之新生，此为质。虞先生摩挲千古文士别集（见《别集流变论》一文），归宿于古来文集“能播在人口者，竟不及百一”，“以无关世道人心”之故也。（第1051—1052页）殊不知，文质相胜，非史即野，朱子即倾向于“与其史也，宁野”（《四书章句集注·雍也》），千年智慧，一朝相通。

2013年7月，清华园

刊于香港《饶宗颐国学院院刊》创刊号（2014.4）

追寻"王国维之魂"：生平二十项重大学术成就

1934年6月3日，距王国维（1877.12.3—1927.6.2）自沉昆明湖整整七年之后，陈寅恪从世界学术史的高度对"王氏之学"作出如下论断：

自昔大师巨子，其关系于民族盛衰、学术兴废者，不仅在能承续先哲将坠之业为其托命之人；而尤在能开拓学术之区宇，补前修所未逮，故其著作可以转移一时之风气，而示来者以轨则也。先生之学，博矣精矣，几若无涯岸之可望，辙迹之可寻。（《王静安先生遗书序》）

陈寅恪是打心眼里敬佩王国维的！陈氏此评广为流传，辗转摘引；然而直到70年后《王国维传》（人民出版社，2004）的问世，才由陈鸿祥对这段话作出了精审而全面的诠释，王国维对于近现代学术的各项贡献才得以和盘托出。

《观堂集林》《人间词话》《宋元戏曲考》三著奠定了王国维在古史考订、宋词论评和曲苑考索等方面的学术地位，“王国维当年在如舸小斋里从事的许多研究，诸如宋词、元曲，钟鼎、甲骨，汉简、唐轴，共和以前之年代、西北楼兰之故址，无不走向今天的公众，成了新的热点”（陈《传》，第681页）；也正因此，三著大大遮蔽了王国维在其他领域的重要成就，其实三著（包括学界对此三著已有的认识）远不能涵盖“无涯岸之可望，辙迹之可寻”的“王氏之学”的治学范畴。

陈鸿祥是著名的王国维研究专家，自1979年起长期致力于王国维学术研究，积聚整整二十五年围绕“为王国维立传”这项伟大的学术工程而奋斗，曾陆续著成《王国维与文学》（1988）、《王国维与近代东西方学人》（1990）和《王国维年谱》（1991）等专著，后半生可谓沉潜于“王氏之学”。陈先生对王国维的理解亦积年升华，他在撰作《王国维年谱》时，曾经揭示出“王国维之死”的根源：“千百年来封建专制统治下的中国知识分子的前途选择，基本有两条：一个是谋‘要津’，做大官；再一个是求‘直节’，做学问。王国维即属于后者。”也就是说，是特立于当下的社会风尚造成了旧式“寒儒”王国维的悲剧命运。而在二十三年之后的《王国维传》中，陈先生已远不满足于将王国维定位成甘居“寒儒”的旧式文人，而是更进一步地深入到了“王氏之学”的精神内核。

王国维在“而立”之年便提出“绵密之科学，深邃之哲学，伟大之文学”（《教育小言十则》之六）以作为他毕生追求的学问路向，本文循此路径集中梳理陈鸿祥所揭櫫出的王国维二十项尚未引起学界足够注意的重大学术成就。

一、绵密

王国维不同于旧式文人的最根本之处在于他已训练了一整套科学头脑和科学方法。他早年入学东文学社，深受近世“科学种田”的最早倡导者罗振玉的影响，其后又留学日本东京物理学校。这些因素均使王国维日后的文史研究处处闪现出科学理性精神的锋芒，如：

① 1903 年，所译《势力不灭论》是西方近代科学三大发现中的“能量守恒与转换定律”在中国最早的译介（第 91 页）；

② 1914 年，在《学术丛刊》创刊号的序言中提出以近代博物学（生物科学）验证《诗经》《尔雅》《楚辞》“草木之名状”（第 419 页）；

③ 1898 年，在《咏史二十首》中以科学的眼光考察煤之形成与发现，1915 年的《二牖轩随录》更进一步考述中国科技史：古代炼钢之始、化石之发现、古气候物产之变迁、陕西石油之富，以及沈括论地理之变化等等（第

444 页）;

④ 1914 年，以“西人推算日食”的方法推证古天文学说，并验证古籍年代，这至今仍是新颖的学术攻关课题，至 1922 年又开出“共和以前年代之研究”的课题，可谓我国 20 世纪末“夏商周断代工程”的早期开拓者（第 419、520 页）。

在中国古代科技史研究日益兴旺的今天，在以卢嘉锡担任总主编的《中国科学技术史》（科学出版社，2003）30 卷本皇皇巨著仅字数便已逾 3000 万的 21 世纪初，我们回头注目的是西人李约瑟的贡献，而又有谁会提及王国维的《二牖轩随录》呢？以古代文史与现代科技合力攻关的“夏商周断代工程”同样取得了令世人瞩目的阶段性辉煌成果（2001），试问人们还会想起近一个世纪前勇力拓荒的这位“开拓者”吗？

没有开拓便没有辉煌！我们在摘取学术桂冠时不能忘记“巨人的肩膀”！

二、深邃

王国维在哲学上的贡献正突出地表现在 1904 年问世的《红楼梦评论》上，对此，陈《传》评论如下：二十七八岁的王国维写就《红楼梦评论》，将人生一切活动的基址和世界一切罪恶的根源归结为“欲”，其思想已经接近于弗洛伊德。这本著作中对人生认识的真切，对艺术见解的卓越，求解脱之心的热切，与他日后揪心考古之学，直至自沉以终了其一生之间有着永不可解的疑惑，这或许是王国维《红楼梦评论》留给后人关于“人生及美术”的一个“歌德巴赫猜想”。（⑤，第 157—161 页）

陈先生将王国维与西方心理学的祖师、精神分析学派的创始人弗洛伊德（Frend Sigmund，1856—1939）相提并论，足以震撼学界固有的认识。

此外，西方哲学的其他领域王国维亦慧眼独具，早有涉猎，堪称 20 世纪初西学输入之时代的先锋，如：

⑥ 1904 年起，主编《教育杂志》四年近百期刊物，著译了大量西方教育学、哲学、心理学、伦理学、文学、美学方面的文章，大大扩大了教育学的范围，堪称中国近代新教育的当之无愧的启蒙者之一（第 180—181 页）；

⑦ 1907 年，发表《英国小说家斯提逢孙传》，推尊今天被认为是“现代派”鼻祖的史蒂文森（Robert L. Stevenson,1850—1895）为“十九世纪罗曼派之骁将”，这差不多领先了一个世纪（第 337 页）；

⑧ 1907 年，翻译出版丹麦海甫定（Harald Hoffding，1843—1931）的《心理学概论》，被誉为“第一部汉译心理学书”，王国维也因而被尊为“中国现代心理学之父”（第 309 页）；

⑨ 1907 年，翻译出版英国耶方斯（William S. Jevons，

1835—1882）的《逻辑的基础教程：演绎和归纳》（中译名为《辨学》），为近代中国逻辑学的创建奠下了基石，较严复翻译耶方斯的《名学浅说》早二年（第 309 页）。

不仅对于西学的译介王国维能独领风骚，他同样是采用西学的理论方法治“国学”的第一人。1904 年撰作的《国朝汉学派戴阮二家之哲学说》便体现出兼通中西的现代精神，被公认为是在梁启超、胡适之前推赞“戴（震）氏之学”的第一篇大论文（⑩，第 412 页）。1905 年更写出《周秦诸子之名学》，在运用中西比较的方法探讨中国“名学”（逻辑学）方面有着筚路蓝缕之功，这比胡适 1917 年在美国哥伦比亚大学用英文写成博士论文《先秦名学史》早了 12 年（⑪，第 245 页）。1923 年，所上奏折《论政学疏》列为中国近代政治思想史上的重要文献亦是毫无愧色的（⑫，第 544 页）。

王国维不仅在治学的精深程度上超过梁启超和胡适，他学术眼光之敏锐，治学领域之广博同样不亚于梁、胡两位。他是深受西方哲学思想影响的大学者，如果追溯其思想的源泉，我们必须注意到他对近现代西方哲学思想的开创者康德（Immanuel Kant，1724—1804）情有独钟。康德正是西方“近代第一哲人”，王国维长期沉潜于包括叔本华、尼采在内的西洋哲学，其最终还得归根于康德哲学。王国维和梁启超几乎同时最早地向国内介绍了康德的学说（⑬）。康德正是引导他走向西方哲学的殿堂，并用“科学头脑”与“科学方法”成就“大学问”的一位西学导师（第240—241页）。

三、伟大

如果说，《红楼梦评论》标志着王国维的第一次学术辉煌，是他攻读西方哲学（尤其是叔本华哲学）的产物；那么，《人间词话》便标志着王国维第二次学术辉煌，是他“渐移于文学”，主要是从事词学研究的产物。对于《人间词话》的地位与价值学界众口一词，但是，对于王国维发生这一转变的内在机理却少有人问津。我们从陈《传》的揭示正可以清楚地看到这一点：

⑭ 1903年，以四言古诗的形式转译了“魔鬼梅斐司托翻尔司（Mephistopheles）之诗”，是近代译介歌德（Johann W. Goehte，1749—1832）《浮士德》的最早尝试（第93页）；

⑮ 1904年，《红楼梦评论》的问世，开近代中国文学批判的先河，在红学史上，王著比胡适的《红楼梦考证》早八年，可谓“新红学”的真正发端（第162、173—174页）；

⑯ 1905年，翻译俄国托尔斯泰（1828—1910）的《枕戈记》，这是第一个将托翁小说转译成中文的，1907年的《脱尔斯泰传》则是中国第一部系统介绍托翁生平、思想、作品的长篇传记（第196、211页）；

⑰ 1907 年，撰写《屈子文学之精神》，汲取先秦诸子精髓并化合西说，可以看作近代第一篇以全新的文学观点研究屈原的重要论文，关于幽默，关于神话（以及童话），关于"散文诗"等新的文学观念，都是在该文中率先提出的（第 264、268 页）。

⑱ 1907 年，撰写《人间嗜好之研究》，把心理学与文学、美学融于一炉，力求中西化合，提出"嗜好——游戏"说，这是当之无愧的中国近代第一篇文艺心理学论文（第 275 页）;

可见，在 1907 年着手写作《人间词话》之前，王国维已有着相当的文艺理论积累，对于东西方文学巨匠屈原、莎士比亚等均有长期深入的钻研。他研究中国古典文学，自始至终贯穿着一个全新的文学观念。就"屈子文学"研究而言，王国维以"深远之热情"的席勒关照屈原，又以"廉贞"的屈原精神反观席勒，从而宣扬他的文学创作具有"人生最深之意义"多年理念，即作家必须具有热烈的感情，超拔的理想，而绝非超然世外，冷漠人生。

用同样的方法研究古典戏曲，王国维再铸辉煌。1909 年撰成的《曲录》，被公认为近代第一部规模浩瀚、搜罗宏富、体例严整的剧目汇编性著作，揭开戏曲目录学之序幕（⑲，第 350 页）。1913 年写就的《宋元戏曲考》，使中国戏剧真正进入了文学的殿堂，揭示出关汉卿的《窦娥冤》可与莎士比亚等同列"世界之大悲剧"，使近现代意义上的中国文学史得以与世界文学史接轨。由此，王国维被尊为曲学的“不祧之祖”（⑳，第368—371页）。

四、化合

20项学术成就的背后究竟蕴涵着怎样一种精神内核？王国维对当今的学术界最大的价值又究竟在哪里？这必须沿着王国维一生学术追求的内在线索去寻找答案。

陈鸿祥最终找到了这条线索。陈先生的这一发现来自于一次偶然的巧遇。那是在1979年寒冬，陈先生从“文革”散出的废纸堆中发现了由罗振玉创办的《教育杂志》残本，在1903年7月号（总第55号）中有幸找到了王国维的第一篇哲学论文——《哲学辨惑》（现印行的《教育世界》目录缺本期）。王国维27岁的这篇论文中竟已隐藏着他对一生学术追求的最早诠释：

> 且欲通中国哲学，又非通西洋之哲学，不易明也。……苟通西洋之哲学，以治吾中国之哲学，则其所得当不止此。异日昌大吾国固有之哲学者，必在深通西洋哲学之人无疑也。

1903年的这一宣言是王国维一生的学术追求的真实写照。这一宣言同样开启了“国学”研究由传统经学向现代哲学转变的风气，这种转变无疑需要由深通西洋哲学的学者来完成。中国20世纪的学术史证实了这一宣言的确凿无疑。陈先生能够将这篇论文找到、抄录并展示给学术界，是偶然更是必然，是他多年潜心于追寻“王国维之魂”的重大发现。

王国维在1911年为《国学丛刊》所作的序言中再次强调：“学无新旧也，无中西也，无有用无用也。”“未有西学不兴，而中学能兴者；亦未有中学不兴，而西学能兴者。”而他的这一早年宣言，“异日昌大吾国固有之哲学者，必在深通西洋哲学之人”，亦由《人间词话》《观堂集林》等著作的问世，得到了光辉的确证。

王国维同时以理论和实践倡导了东西方学术相“化合”的治学方法（第242页）。在王国维看来，20世纪的新学者必须深通西洋学术与中国传统学术，只有在“深通”的基础上进行能动的“化合”，这种“化合”不是简单的“拼合”或者“结合”，它是一种充斥着主体间性的艰巨劳动，这样才能转故旧之风气，领时代之风骚。简单地说，即西学与中学合则双美，离则两伤。

王国维早年青睐西学，沉潜西学，从中又获得了充斥于西洋学术的科学理性与实证思想，为他日后能够达到文理融通准备了坚实的基础。这一点在20世纪取得卓越成就的学者们身上颇有共性，如后于王国维的鲁迅、胡适、郭沫若在留学之初，学的都是理科（农学、医学），但日后

海宁王静安先生纪念碑碑影

所长的却是文史，看起来这是“半途出家”，实则，为他们取得大成就、作出大贡献训练了科学头脑和科学方法。

如果说王国维人生的第一次“学术转向”——《人间词话》的撰写，标志者他中西“化合”取得了成功，那么他的第二次“学术转向”——钻研上古史和出土文献，则标志者他中西“化合”、文理融通的最终实现。1911 年，王国维东渡日本，竟“取行箧《静安文集》百余册，悉摧烧之”，此后随罗振玉搜讨“出大云书库藏书五十万卷、古器物铭识拓本数千通、古彝器及他古器物千余品”（罗振玉《海宁王忠悫公传》）。由此铸就了以甲骨文、青铜器、简牍学、古文字、古史新证著称于学林的一代“观堂”。

纵观王国维的一生，研究的领域多有变换，但贯穿其中的治学精神却始终未渝。“异日发明光大我国之学术者，必在兼通世界学术之人，而不在一孔之陋儒”（《奏定经学科大学文学科大学章程书后》，1906），这才是如同当头棒喝、足以彪炳史册的“王国维之魂”。

当今的学者们，以某一领域的专家自居，大呼所谓“隔行如隔山”，自闭门庭，“足不出户”，取得某项成就便沾沾自喜，能独占某一鳌头更是自命不凡。相近的学术领域都少有涉猎，同一个系科亦互不相知，更遑论什么中西“化合”，奢谈什么文理融通？为师者尚或有两三个相关的学术视角，弟子们则瓜而分之，矻矻以求，勉力过河，由是弟子必不如师，一代逊于一代。没有“大师”的时代的来临，自势不可挽。

没有创新，传统绝不可能被完好地传承。王国维的20项学术成就，已被百年来的学术界一一超迈，然而“王国维之魂”却被渐渐遗忘，慢慢丢弃。

2005年暑中，南大鼓楼

刊于《书目季刊》第39卷第2期（2005.9）

回到经学史起点，发现“三驾马车”

真是因缘凑巧！一年多前我有感于经学研究的饤饾化、纸片化，写了一篇倡议书，后被北大《国际汉学研究通讯》接纳，待到正式刊出已在 2018 年的 6 月（《长时段经学史倡议书》,《国际汉学研究通讯》第 16 期）；适在此月，韩大伟（David B. Honey）《中国经学史》第一卷（*History of Chinese Classical Scholarship I*）的中译本问世了（唐光荣译，社会科学文献出版社，2018）。

知道韩先生这些年来在大洋彼岸全力以赴于重写《中国经学史》，倒是有一些年头了，然而因夜郎自大的本性作祟，心想这位纯老外竟不自量力，要来操刀处理在中国已严重锈蚀、边缘冷落了近一个世纪的学术领域，且看他将如何跌入这泥泞的死水一潭中。试想，自皮锡瑞《经学历史》（1907）建立了以孔子作为经学史开山祖的书写框架以来，到一百一十年后我写倡议书的 2017 年，竟还没有一部经学史论著能突破皮氏的基本格局。经学史的书写尚未走出皮锡瑞时代。

当然细节上是渐趋精密得多了。比如同样是采用人、事交织的写法，在皮锡瑞那里还只是粗具轮廓的两汉经师传承，到了沈文倬《从汉初今文经的形成说到两汉今文〈礼〉的传授》(1990)，已然将《史记》《汉书》《后汉书》相关本纪、列传、书志的史料烂熟于心，爬梳剔抉，密缝精织，传承谱系已厘然灿然。学者们又意识到如此做法"较多依靠正史等外缘性材料立论"(华喆《礼是郑学》，2018)，故而转向以历代经注为中心，比如《诗经》学史则先后形成毛传、郑笺、陆德明音义、孔颖达正义、朱熹集传直至《毛诗传笺通释》《诗三家义集疏》等为节点的书写线路，其后又增益入简帛本、敦煌本、古钞本等新文本，细节的推阐益趋详悉。此路径至虞万里的系列研究而臻于成熟。

两厢共推，加上与清代考据学的共振，经学史由此遁入文献学，用乔秀岩的话说，就是"并非经学家之经学史，而是读书者之经学史"(《义疏学衰亡史论》"三联版编后记")。如今国内外召开的大部分"经学研讨会"，准确得说应该称作"经籍文献研讨会"。依着这样的趋势，当然无法证成"中国思想之根本乃在经学"(野间文史语)，当然会有直率的学者针砭"经学缺乏思想价值"(森三树三郎语)。对此，我在《倡议书》中已进行了一些方法论上的反省。然而举着长矛摇旗呐喊终究于事无补，要想真刀真枪地打出了一条血路来，首当其冲的还是要回到经学史的起点——孔子。

依稀还记得，那尊孔子的青铜塑像，2011 年曾经在天安门广场上屹立了 90 多天后，便悄然搬入了国博的内庭院，背后所折射出的正是我们这个时代，对孔子在中国文明体系中的位置未能达成共识。回想 20 世纪最著名的《孔子评传》，那是南京大学的老校长匡亚明历经半个世纪完成的杰作。匡老在后记中坦陈："我酝酿了四十年的一个小小愿望，现在总算实现了。那就是对孔子作出较全面的、公正的历史评价。……这个问题对我来说，经过了三个阶段，即肯定、否定、否定之否定。"可见全面、公正地评价孔子之难。匡老的书初版在 1985 年，李泽厚的《中国古代思想史论》也在此年问世，书中第一篇叫《孔子再评价》，需要"再评价"，可见"肯定、否定、否定之否定"的过程同样流经李泽厚的脑海。那么，《孔子评传》或《孔子再评价》能否一锤定音呢？显然不行。因为《孔子评传》并未对孔子的思想核心作出明确定位，只是指出"孔子思想除必须加以肯定或否定的部分外，确实还存在着一个既必须加以批判（否定）又必须加以吸收（肯定）的部分"，这个所谓"三分法"与其说是"实事求是的研究和评价"，不如说给后人提出了再研究、再评价的艰巨任务。再说李泽厚，只需粗粗比较一下《再评价》和他 1999 年的《说巫史传统》、2005年的《“说巫史传统”补》，不难发现对孔子的看法前后已大相径庭。有鉴于此，似乎笼统地肯定孔子具有独一无二的地位，倒是成为了最稳妥、最不易引起争议的做法，就像当年夏曾佑的狮子吼，说：“中国历史，孔子一人之历史而已。”（《中国古代史》，1933）

与柏拉图相当的孔子，何以会在这一百年间坠入一团五里雾中？唯旁观者清。美国学者列文森（Joseph R. Levenson，1920—1969）眼光如此敏锐，这团浓雾的成因，在他看来乃是前赴后继的“打倒孔家店”和“批林批孔”运动，强有力地“把孔子妥善地锁藏在博物馆的橱窗里”（《儒教中国及其现代命运》，郑大华、任菁译，2000）。一旦打入博物馆，势必落入文献学、考据学者们的盘中餐。请再看匡亚明《孔子评传》，有一章标题赫然叫作“中国历史上第一个伟大的文献整理家”，孔子的历史功绩，落脚在对“六经”的删削整理，彼此无可争议。追根溯源，当年五四的导师章太炎就是这么一手倡导的。作为古文家的章氏有云，所谓经，本非圣物，取义在“以青丝绳贯竹简为之”，即“今所谓线装书矣”，那么“孔子删《诗》《书》，定礼乐，赞《周易》，修《春秋》”，其功绩在于“布彰六籍，令人人知前世废兴，中夏所以创业垂统”（《经学略说》《检论·订孔》）。章氏弟子马宗霍即援引乃师之语入《中国经学史》（1937）。匡老如此大胆地将孔子定位为“第一个伟大的文献整理家”，乃接踵章、马之余绪，文献学家孙钦善又捧过接力棒，《中国古文献学史》（1994 初版 /2015 修订本）的首章便以“我国古文献学的开拓者孔子”发轫，历史学家赵光贤虽换了一个头衔，称孔子为“我国最早的历史编纂学家”，实异曲而同工。前后相继近百年，孔子被彻底裹挟入文献学的“铁屋子”中。

问题已经昭然若揭，那个曾经的“大成至圣文宣王”，当附丽的重重“笋壳”在 20 世纪被逐渐剥落之后，剩下来的并非如朱维铮所期待的那个“真孔子”，而是光辉伟大的一个朦胧身影加上“文献整理家”这个连孔子本人都徒剩无奈的僵死躯壳。往后经学史的整体书写脉络，经由孔子这个“文献整理家”的枢纽牵动，彻底文献学化自不在话下。韩先生要重写《中国经学史》，要防止跌入这个泥潭，第一卷务必正本清源，去解救出“铁屋子”里的那个孔子。

果不其然，韩先生着手的第一步工作，便是清理孔子的生平。说来惭愧，国内有关孔子生平的已有研究异常薄弱。记得 1987 年，朱维铮就说过，“至今没有一部有分量的《孔子传》，甚至没有一部新编的《孔子年谱》”（《历史的孔子与孔子的历史》），到 2007 年李零写《丧家狗》，推荐中意的孔子传，依然说只有钱穆写过一本《孔子传》大家可以参考。众所周知钱先生的《孔子传》写于 1974 年，正是未入朱先生之眼的。令人汗颜的是，大洋彼岸对孔子的研究却扶摇直上，1949 年在纽约便已诞生一代启蒙大师顾立雅（Herrlee G. Creel）的名著 *Confucius: The Man and the Myth*（1960年再版改名为《孔子与中国之道》）。顾氏对记载孔子的史料和语录进行了逐条对照和辨析，夯实了研究的坚固墙基，尤其是他对《左传》《孟子》等记载孔子为“鲁司寇”的考证，认为“孔子的职位终究是个闲职”，令人击节赞赏。如此酝酿至2007年，与《丧家狗》的争论遥相呼应，美国学界诞生了一部孔子生平研究的力作，那就是金安平（Annping Chin）的*The Authentic Confucius: A Life of Thought and Politics*。韩先生认为金女史的“这部英文著作超越了从前所有用西方语言写就的孔子传记”（唐光荣译本，第23页），我更是认为此书同样超越了钱穆的《孔子传》。屋架一旦砌成，成果便指日可望，君不见2010年有戴梅可（Michael Nylan）、魏伟森（Thomas Wilson）合著的*Lives of Confucius: Civilization's Greatest Sage Though the Ages*，2017年又有亨特（Michael Hunter）的*Confucius Beyond the Analects*，2018年便有韩先生的《中国经学史·周代卷》。

面对那个绝无窗户万难毁坏的“铁屋子”，想要伺机凿出一个缺口，谈何容易，可能的希望在于，韩先生要能以虽千万人吾往矣的坚毅，深入虎穴，完全掌握文献考证的机理和精微，从内部潜移默化地使“铁屋子”的间架结构渐起苏松，在格局方法上整体重塑为一幢全新的建筑。韩先生抱着士不可以不弘毅的信念，在经籍考证和文本学领域具有长年的积累，记得我首度与韩先生结识，是在十年前的厦门经学会议（2009.11）上，其时韩先生即以考证孔子“述而不作”之义语惊四座，此后又数度与韩先生交流司马迁、郑玄、段玉裁、王念孙，毫无隔膜。然后我们又谈起西方的文本研究，谈起荷马、圣经学，当我看到韩先生《西方经学史概论》（2012）出版的那一刻，看到韩先生说“虽然中国经学界尚未正式踏上礼仪表演或其他新出的礼仪诠释理论之路，此道路已经被西方经学家铺好了，已经被西方汉学家清道了”，我知道韩先生正冲着这间“铁屋子”大踏步奔来。

从文本学转向礼学，是西方学界探寻孔子不经意间擦出的一道火光。20 世纪 70 年代就已诞生两部名著，一部是曾在香港中文大学任教的范挪亚（Noah Edward Fehl）1971 年著成的 *Rites and Propriety in Literature and Life: A perspective for a Cultural History of Ancient China*，范氏曾前后在布朗大学和芝加哥大学修习古典学和宗教学，此书初步条理出了一条在与古希腊、希伯来文明比较视野中的先秦礼学发展初步线路。另一部是美国心理学家、伦理学家芬格莱特（Herbert Fingarette）1972 著成的 *Confucius: The Secular as Sacred*，芬氏以他的独具慧眼聚焦于“孔子思想中最为独特的东西”，那就是礼，芬氏将之定义为“holy ritual”或“sacred ceremony”。在芬氏看来，孔子是一个伟大的文化革新者，“他转换了‘礼’的概念”，“在‘礼’概念的转换中，孔子也转换了人类社会的整个概念”（彭

和 David Honey 先生合影（正定，2015.11）

国翔、张华中译本《孔子：即凡而圣》)。韩大伟在文明比较的方法上取鉴于范挪亚，而在对“礼”的认识上则更多地化用自芬格莱特。韩先生说，“从词源上看，用‘holy ritual”和‘sacred ceremony’翻译‘礼’是完全恰当的，它们是孔子所谓‘礼’的本义”，“他（即芬氏）的观点是忠实于《论语》原文的，并与古代中国人的世界观契合”。

我们来看韩先生的这部著作，他在第一章劈头就引皮锡瑞，既而便是章太炎、刘师培，可见他与中国学者的学术积累，在上溯到皮、章等所处的十字路口处是大致相仿的，此后却分道扬镳而大量纳入西方宗教学、古典学的精神食粮。在将文献学的枝干接到西方文本学研究的母体上时，韩先生大量吸收了诸如陆威仪（Mark E. Lewis）、梅约翰（John Makeham）、柯马丁（Martin Kern）等一批西方学者的成果，尤其是陆威仪的 *Writing and Authority in Early China*（1999）一书，是韩先生引用最多的著作之一。在酝酿对接的过程中，当韩先生发现了“孔子是一位从仪式的角度去阐释文本的经学家”这个关节点之后，“铁屋子”的间架便一下子松动开来，当认识到经籍文本是孔子口授和仪式化教学的底本时，孔子在经学史上的地位在韩先生的心目中重新确立起来，那就是一位“应用礼仪教师”。

经书在去掉了神圣性之后，在韩先生这里终于获得了全新的绽放。孔子的时代，“演习礼仪比学习文本更重要”，“相对于礼乐学习，文本研究只是次要的；经书的作用更多是作为记忆的辅助工具和礼乐演习的指导手册，而非严格意义上的文献研究的对象”（唐光荣译本，第 114—115 页）。由此，“六经”终于从文献考订走向礼乐演绎，经学史重新从支离走向构建。研究的路径在原来已固化的注经、明德之外，生发出了一个新的生长点，那就是行礼，三者共同构成韩先生所谓的 the classical trio，唐光荣译作“经学的‘三驾马车’”，甚佳。韩先生说，“这三者的结合使孔子成为圣人”（第 254、356 页），而三者相较，经书注疏通过文字记载所蕴含的正是道德、政治乃至天道之根源，形式的外化便是礼乐。进一步收束，礼乐演绎更是道德塑造（仁）的路径依靠，那么所谓经，实际上由两面墙基组成，“一为文本，一为礼，文本规定礼，礼根据文本的规定来实施”。只有在礼乐传统中阅读六经、研习六经，经籍中所蕴含的道德、伦理观念才能得以阐发，否则就是一堆死文本。正是在这个意义上，从范挪亚到诺布洛克（John Knoblock），从陆威仪到韩大伟，无不重新认识到荀子在经学史上地位，这是因为“荀子论学论治，皆以礼为宗”（王先谦语，韩大伟引录），韩先生将荀子明确界定为一代礼学大师和经学大师，“荀子使儒学重新以礼和学为中心”，“他传授礼是通过阐发礼的要旨而不是通过阐释礼的文本”，从而使经学史自周转向汉的过程呈现出另外一幅面貌。

在经学的“三驾马车”中，礼乐实践这一条线路长期以来遮蔽得最为严重。当“铁屋子”的间架一旦松动乃至重塑，“孔子—荀子”这面墙基被重新夯实，经学史从材料选择到研究方法上均将发生重大改变。国家治理、制度设计、社会构架、家国体系、人生运转、风俗信仰、日常交际等等，无不是礼乐之根在历史进程中的传承演进。历代经书注疏中自然蕴含着各时代学者们的理论思考，然而其他各类史籍中同样可见经义洇渗入中国社会的痕迹，同样将成为经学史研究的绝好素材。而在研究方法上，经学史更将彻底打破固步自封的划地为牢，从而突入中西比较的大空间，与西方宗教、古典、教育、礼仪等研究的成果将互通有无。尤其是礼仪研究，在西方早已成为跨学科研究的平台，理论和方法上已有丰富而成熟的实践，韩先生著作中已融入了一部分，比如一般施行理论、话语行为理论、Joyce Marcus 的仪式八要素等，真正的结合还只是刚刚起步。

韩著当然还有不少瑕疵，比如韩先生说古代学者对经书怀疑程度最高的要数章学诚，又说从隋至明这一时段里很难找到问答体（唐光荣译本，第 14、188 页）等，都是我不认同的。然而，包裹在孔子身外的“铁屋子”一旦松动，中西经学比较的路径一旦开启，经学史的书写将很快走出皮锡瑞时代，是所瞩目。

2019 年惊蛰，圆明园东门外

刊于《解放日报》2019 年 5 月 18 日“读书周刊”

凤凰枝文丛

三升斋随笔	荣新江 著
八里桥畔论唐诗	薛天纬 著
跂予望之	刘跃进 著
潮打石城	程章灿 著
会心不远	高克勤 著
硬石岭曝言	王小盾 著
云鹿居漫笔	朱玉麒 著
老营房手记	孟宪实 著
读史杂评	孟彦弘 著
古典学术观澜集	刘 宁 著
龙沙论道集	刘 屹 著
春明卜邻集	史 睿 著
仰顾山房文稿	俞国林 著
马丁堂读书散记	姚崇新 著
远去的书香	苗怀明 著
汗室读书散记	王子今 著
西明堂散记	周伟洲 著
优游随笔	孙家洲 著
考古杂采	张庆捷 著
江安漫笔	霍 巍 著
简牍楼札记	张德芳 著

他乡甘露	沈卫荣　著
释名翼雅集	胡阿祥　著
壶兰轩杂录	游自勇　著
己亥随笔	顾　农　著
茗花斋杂俎	王星琦　著
远去的星光	李　庆　著
梦雨轩随笔	曹　旭　著
半江楼随笔	张宏生　著
燕园师恩录	王景琳　著
鼓篑斋学术随笔	范子烨　著
纸上春台	潘建国　著
友于书斋漫录	王华宝　著
五库斋清史存识	何龄修　著
蜗室古今谈	丰家骅　著
平坡遵道集	李华瑞　著
竹外集	朱天曙　著
海外嫏嬛录	卞东波　著
耕读经史	顾　涛　著
南山杂谭	陈　峰　著
听雨集	周绚隆　著
帘卷西风	顾　钧　著